CROSS BORDER

キャリアも働き方も
「跳び越えれば」うまくいく

越境思考

リクルートマネジメントソリューションズ　マスター
井上 功
Inoue koh

Discover

CROSS-BORDER
キャリアも働き方も「跳び越えれば」うまくいく　越境思考

目　次

Chapter 2

企業内越境

――自分の仕事の「もやもや」を突破する

Chapter 3

企業間越境

――今いる会社の「もやもや」を突破する

Chapter 4

職種間越境

——今の職種に関する「もやもや」を突破する

Chapter 5

業種間越境

——所属する業種・業界の「もやもや」を突破する

Chapter 6

産官学越境

——ずっと会社員でいいのか？　の「もやもや」を突破する

Chapter 7

労使間越境

――経営者になれるかな？　という「もやもや」を突破する

Chapter 8

世代間越境

職場以外の世界に関する「もやもや」を突破する

Chapter 9

地域間越境

今住んでいる場所に関する「もやもや」を突破する

Chapter 10

国家間越境

——日本を巡る「もやもや」を突破する

Epilogue

Prologue

中堅社員が陥る10の「もやもや」

最近「もやもや」していませんか？

入社して7～10年目位の中堅ビジネス・パーソンともなると自分や会社に対してさまざまな「もやもや」を持つようになるのではないでしょうか。主に自分のキャリアを巡って、以下のように10種類の「もやもや」を分類してみました。いずれかひとつでも思い当たるものがあれば、あなたは本書の読者対象です。まずは普段の自分を振り返って以下の10の「もやもや」が当てはまるかどうか考えてみてください。

1　自分自身の「もやもや」

「この会社で10年働いてきたけど、本当にこの仕事でよかったのか？　そもそも〝自分自身のこと〟がよく分かっていない気がする。自分って一体何？　もやもや……」

「就活しているときの方が、自分と向き合っていた気がする。今は目の前の仕事を〝こなす〟ことに精一杯で、自分をどこかに置き忘れている感じだ。もやもや……」

「仕事はある程度できるようになってきたけど、全てが〝そこそこ〟で終わっている気がする。突き抜けていないし、どんぐりの背比べみたいだ。もやもや……」

2　自分の仕事の「もやもや」

「自分の仕事は一体誰の役に立っているのだろう？　単調で、同じことの繰り返し。何らかの価値がある感じがしない。もやもや……」

「自分の仕事は会社のごく一部に過ぎないし、仮に自分がいなくなっても誰かが代わりになるんだろう。懸命に頑張ってきたけど、それは余人をもって代え難いものではなさそうだ。もやもや……」

「この部署でもう5年。最近はあまり変化がない。でも、会社全体を見渡すと、いろいろな組織や仕事がある。転職しなくても新しいキャリアの可能性もありそう。もやもや……」

3 今いる会社の「もやもや」

「このまま今の会社に居続けていいのだろうか？　うちの会社はなんか〝古い〟感じがする。これで自分は成長するのかな？　もやもや……」

「会社はイノベーションを標榜しているけど、いまひとつ大きな変化をつくりだせていない気がする。デジタル・トランスフォーメーションとも関係するのだろうか？　少なくとも時代の波に乗れてない気がする。もやもや……」

「少し前、副業・兼業がＯＫになった。仕事も落ち着いてきたし、少し会社の外の世界を見てもいいかもしれない。でも、転職するのはハードルが高いし。もやもや……」

4 今の職種に関する「もやもや」

「このままこの職種でキャリアを積んでも大丈夫かな？　今ある職種の半分以上が10年後にはなくなるらしい。もやもや……」

「自分の仕事を職種として捉えたとき、汎用性があるか不安。世の中には沢山の職種があるけど、自分がやっているのはひとつだけ。もやもや……」

「今の職種で専門性を磨ける感じがしない。そもそも職種と言えるかどうか。もやもや……」

5　所属する業種・業界に関する「もやもや」

「今の業種・業界でずっと仕事をしてきたけど、最近注目度が下がってきている気がする。このまま頑張っても、キャリアをつくれないかもしれない。もやもや……」

「先輩で、全く違ういくつかの業種を渡り歩いている人がいる。仕事をするのに業種・業界って関係あるのかな？　もやもや……」

「そもそも業種って何だっけ？　アマゾンは何業種？　今の会社が所属する業種が未来永劫ある気がしない。業種自体がなくなることもありそう。もやもや……」

6　ずっと会社員のままでいいのか？　の「もやもや」

「このままずっと会社員でいいのかな？　大学の同窓で官僚になった人がいる。仕事はめちゃくちゃ大変そうだけど、会うといつも充実している感じがする。もやもや……」

「大学院に入りなおして頑張っている仲間がいる。この前、書いている論文のことを話していた。元々学究肌だった気がしたけど、なんだか楽しそう。もやもや……」

「後輩が母校で授業をしている。一緒に仕事をしていたけど、何年か前に起業もした。自分のキャリアの事を話しているらしい。私が話せることがあるかな？　もやもや……」

7　経営者になれるかな？　という「もやもや」

「今のままだとマネジャーになるのはもう少し先だと思う。今年は部署に新人が配属されなかった。自分のキャリアは大丈夫かな？　もやもや……」

「仲良しの友だちが起業した。社員数はまだ5〜6人。オフィスに行ってみたけど、〝わいわい〟〝がやがや〟でカオスそのものだった。けど、みんな前を向いている感じがした。私は？　もやもや……」

「ベンチャー企業の経営者から口説かれ、経営に参加した後輩がいる。IPO（株式上場）を目指すという。安定志向の自分でもできるのかな？　もやもや……」

8　職場以外の世界に関する「もやもや」

「職場は好きだ。コロナ禍でテレワークも増えてきたけど、同僚と議論したり問題提起をしたりするのは楽しい。でも、それだけしかない気がする。もやもや……」

「家と会社を往復する毎日で、なんだか息苦しい。この前地元の祭りに行って近所の人と話したら、意外と面白かった。違う世界を持たないといけないかも。もやもや……」

「趣味がない。何か習い事を始めたいけど、忙しいし、探し方が分からない。そして、時間もない。こうやって歳をとっていくのだろうか？　もやもや……」

9　今住んでいる場所に関する「もやもや」

「会社はオフィスを縮小している。フリーアドレスで自分の席もなくなった。ちょっと寂しいけど、会社や職場と自分との関係も変わってきているのかな？　もやもや……」

「コロナ禍でほぼテレワークになった。出社義務がなければ、ここに住む必要もない。田舎暮らしも選択肢としてありそう。もやもや……」

「地方創生ってよく言われるけど、どうやら人口が増えている地方もあるらしい。家賃や生活費はとても安そうだけど、教育とか医療がちょっと心配。もやもや……」

10　日本を巡る「もやもや」

「コロナ禍もあり、海外赴任者が減っているらしい。元々海外志向はあったから、今はチャンスかも。だけど、日本を飛び出すのはちょっと不安。もやもや……」

「うちの会社はドメスティックだ。世界市場に進出する気はないのかな？　もやもや……」

「日本は好きだけど、少し息苦しい。世界には200くらいの国がある。自分はずっと日本で暮らす？　もやもや……」

どうでしょう、こんな「もやもや」はないでしょうか？

僕自身、このような「もやもや」はあります。1986年にリクルートに入社しました。以来、自分って何？　という「もやもや」は今も続いています。社内の他の仕事や、多岐にわたる他の事業への興味・関心はあります。転職する同僚も多く、自分の会社自体に対する「もやもや」もあります。ずっと営業をやってきたので、果たして〝つぶし〟はきくのかな？　といつも考えています。

所属する業界自体の成長性や可能性については、他業界と比較して、イメージしたり悩んだりしています。学生時代はシナリオライターになりたかったので、ずっと会社員として生きていくのかもぼんやりと考えています。独立する仲間も多く、自分はいつまで〝雇われ人〟を続けるのかをいつも自問自答しています。仕事ばかりだったので、会社以外のコミュニティがないなぁとか、家は建てたけどずっとここに住むのかなぁとか、一度は日本以外で勝負したい、とも考えています。つまり、いつも「もやもや」していましたし、今もそうです。この「もやもや」は、キャリアを巡るものかもしれないし、一生付きまとうものかも知れません。

「もやもや」は同じ場所にとどまることで生まれる

この「もやもや」の正体は何でしょう？

「もやもや」を辞書で調べてみると、煙や湯気が立ちこめるさま、実体や原因などがはっきりしない様子、心にわだかまりがあってすっきりしないさま、等とでてきます（出典：デジタル大辞泉）。「もやもや」の大元となるもや（靄）は、周りが真っ白になり完全に視界不良となる霧とは違い、うすぼんやりと先が見える状態のことを示すようです。

キャリアを巡る「もやもや」は、目に見えない何か壁のようなものに阻まれて、未来の自分が見通せない不安感といえるかもしれません。現実的には、自分の立脚点はある。置かれている状況は、次のようなことかと思います。

- 目の前にやることは沢山あり、いっぱいいっぱい
- 与えられた仕事をきちんとやっていれば、日々はごく普通に過ぎていく
- 大きな失敗や余計なことをしなければ、ある程度評価される
- 周りは〝いい人〟が多いし、何か責められることはない

- 毎月給料は自動的に振り込まれる
- ボーナスも貰えるし、業績がよければ増える
- 年末調整も年金計算も会社がやってくれている
- 福利厚生もきちんと整っている
- 研修なども充実している
- 健康診断もしてくれる
- ある程度の歳になると、人間ドックも受けられる
- この生活を失いたくないし、守るものも増えてきた……

居心地は悪くない。滋味あふれる人肌の温泉のようです。ずっと入っていられる。気持ちいい。危険はない。定年までもつかな……？

いっぽう、この居場所に居続けていいのか？　という疑問が頭をもたげてきます。居場所を変える必要がある？　ここから出れば新しい世界が待っている？　今までにない自分に出会える？　そんな柔らかな誘惑は、多かれ少なかれ万人にある気がします。

自分の居場所が変わる場面があります。子供の頃の習い事、小学・中学・高校・大学等

への進学、その中での部活動や生徒会・委員会活動、ゼミ・クラブ等への参加、就活等の機会です。**明らかに居場所が変化します。「越境」です。**Ａ地点から境界を越え、Ｂ地点に立脚点が変わるのです。**この越境行動により、人は新しい世界・次の世界に入っていきます。**

このときの越境は、学校教育という社会システムに則って、半ば強制的に促されます。6・3・3・4年制を基軸にすると、6歳から概ね16年間に渡って何回かの越境をしていることになります。クラス替えや委員会・係の変更が行なわれることを考えると、ほぼ毎年何らかの越境をしているともいえます。そこでは自分の意志が明確には反映されず、他律的・自動的・半強制的に越境します。我々は定期的にくる越境の機会を捉え、自分の可能性を信頼し、未来に希望を託し、越境していたのではないでしょうか？　そのときには、自分の居場所や次の世界に対する「もやもや」はあまりなかったという人も多いことでしょう。そもそも、「もやもや」している時間的余裕もなかったのではないかと思います。

社会人はどうでしょうか？　自我が確立するこの16年間のジェットコースターのような越境の連続と比べると、企業に参加して仕事をし始めると、居場所がかなり固定的になります。与えられた業務に習熟し、組織のルールや規範、作法を覚えなければなりません。しかしそれは、頑張れば頑張るほど、現在の居場所の常識に囚われていくことでもあります。そして、会社や仕事に慣れていくにしたがって、どんどん居場所が心地よくなっていきます。タコ壺に入り、容易に出られなくなります。しかも、学生時代と異なり、他律的・自動的・半強制的にタコ壺から出る機会はほぼありません。居場所から出るには、自律的・能動的・自発的に行動しないといけません。強い意志が求められます。

ビジネス・パーソンの「もやもや」の正体は、このタコ壺で安住している自分と、このままではまずいという危機感を持つ自分との相克です。自ら動かないと「もやもや」は晴らせないが、色々あって動けない。忙しく仕事をしている人のリアルな姿でしょう。

このキャリアを巡る「もやもや」を晴らす鍵を握るのは、居場所を移す行為である越境です。それは、学生時代のように何かしら外部から促されることがありません。では一体どうしたらいいのか？　もう少し越境について掘り下げていきます。

越境とは「境界」を越えること

さて、越境とは、一体何でしょう？　辞書には、境界線を越えること。法的に定められた領界を無視して侵入すること、とあります（出典：デジタル大辞泉）。越境は境界（線）を越えることだと分かります。

では、境界とは何でしょうか？　境界は、元々は仏教の言葉だったようで、能力の及ぶ範囲・限界を意味していたようです。転じて境遇や境地を示すようになり、近年は主に土地や物事の境目を意味することが多いようです。国境は代表的な境界であり、自然科学と社会科学の境界、といった使い方もします。

つまり、**境界には2種類あるのです。物理的境界と心理的境界です。**身近な例で考えてみます。

物理的境界の代表は家でしょう。我々は自宅という物理的境界を越境して出勤してきました。コロナ禍で出社という越境を毎日している人は減っていますが、今も多くの人が家というプライベートな空間と、会社・職場というパブリックな空間とを行き来しています。

会社も物理的境界を持っています。セキュリティの関係で入口にゲートを設けている企業は多いですが、それは社内と社外を分ける物理的境界ということができます。会社の中にも境界は沢山あります。組織がフロアによって分けられたり、机が課ごとにまとめられ区切りがされていたら、実際に境界線が引いてあるわけではありませんが、物理的境界といえます。

では、心理的境界はどのようなものでしょうか？　部署や部門といった何かしらの会社・組織内での所属自体が心理的境界を形づくっています。組織図は心理的境界を暗に示しているともいえます。我々は、「うちの部では……」のような言い方をごく普通にしています。うちの、ということで他の部との心理的境界線をひいているのです。会社以外でも境界は数多あります。野球やサッカーなどのスポーツチーム、〇〇ファンやオタクの集い、SNS上での特定スレッドの会員、自治会、宗教や宗教内の派、政治上での党派や派閥、大学や高校などの卒業生ネットワーク、等々。全てのコミュニティは何かしらの心理的境界を有しています。

では、人はなぜ境界をつくるのでしょうか？

まずは、自分の居場所のためです。元々ある居場所に参加することもあれば、居場所をつくることもあります。同じ目的や利害を持つものと集うことで、所属感が高まります。同好の士であれば、胸襟を開くスピードが高まり、落ち着きます。ほっとする感じです。

境界をつくることは、社会を分けることでもあります。分けることで、コミュニティ内の人数が減ります。コミュニケーション・コストが下げられるのです。全世界約80億人の集団の中では、何かひとつのことだけを議論するにしても途方もない労苦が必要でしょう。

境界をつくり、共通の興味・関心を巡り集団を小さく分けることで、意志疎通がしやすくなり、意思決定も容易になります。それは、コミュニティ内での一体感の醸成につながります。

いっぽう、一体感はその集団外との区別を明確にします。境界がはっきりしてくると、その内外の違いの認識が明確になります。違いは往々にして競争を生みます。主義・主張が自分たちとは違うこと自体が、争いの元になるのです。身近な例を挙げると運動会の紅白に分かれての棒倒しのように、赤と白というコミュニティをつくり、あなたは白組、あなたは赤組、と分けられれば、人は相手を倒そうと戦うのです。

人は境界をつくり、自分の居場所を確保し、コミュニケーションを容易にし、外部と峻別し、内に籠る。このこと自体は自然な営みということができます。

境界内は安全だが変化に耐えられない

では、境界内にずっと留まっていていいのでしょうか?

境界は物理的・心理的な壁です。心理的な壁は、主義・主張が激しくなればなるほど高くなり、どんどん排他的になります。他者を受付けなくなります。そして、境界内で通用する掟・ルール・規範をつくります。企業の内と外を隔てる境界をイメージすると分かりやすいでしょう。会社の中で、同質化が進み、同調圧力が増します。ルールを破る人を極端に排斥するようになります。組織自体がタコ壺となり、ぬるま湯が心地よくなっていきます。

我々は、会社を始めとする境界内のコミュニティに所属しています。絶海の孤島でひとりぼっちで暮らすなら別ですが、何らかの境界内で生きているのです。そして、前述したように境界内のコミュニティはどんどん安定化しようとします。掟を破ると何らかのペナルティがあり、自然と余計なことをしないようになります。前例主義・事なかれ主義・正解主義は、日本が島国であり海という強力かつ物理的な国境に囲まれていることもあって、我々の中にどんどん蔓延ります。このようにして、境界内での安全・安心・信頼・着実・確実の世界で過ごしてきたといえます。

これを後押ししたのが、かつての日本的経営の三種の神器です。「終身雇用」でずっと境界内にいて構わないとし、年功序列で年次を重ね、歳をとるごとに給料が上がり、「企業内労働組合」で労使一体の協調経営を行なう。これに「新卒一括採用」の仕組みが加わり、

「タコ壺の中に居れば一生面倒はみるよ」と言わんばかりの状況がつくられました。こうなると、自律的・能動的・自発的に境界を越えて次の居場所に移ろうと思う人は極少です。『Japan as No.1』でエズラ・ヴォーゲルが称賛したこの仕組みは、高度経済成長期を中心として有効に機能しました。およそ半世紀前の話です。21世紀になってもこの過去の遺物から抜け出すのが難しい日本は、残念ながら多くの意味で〝安い国〟になってしまっています。時代は大きく動いているのです。

近年、世界がざわざわし始めてきました。ＶＵＣＡ（Volatility Uncertainty Complexity Ambiguity）という言葉に代表される社会の変化が、過去の延長線上では考えられないほど劇的で大きなものになってきています。近年のコロナ禍がその代表例でしょう。

事業は全てデジタルシフトし、産業構造は大きく変わり、カーボン・フリーに代表される環境対応への変革圧力が途方もないスピードで襲ってきています。リモート化・オンライン化により、教育や医療のありようや仕事の仕方・オフィスのスタイルが変化し、政策も根底から変わらざるを得ません。このような変化は、新型コロナウイルスが全世界を襲った２０２０年1月以降、急激に加速しています。好むと好まざるにかかわらず、大きな外部環境の変化の波が押し寄せてきているのです。

そんな中、ＮＩＴ症候群が加速します。ＮＩＴとはNot Invented Hereの頭文字からとったもので、「これはここで発明したものではないから、採用・利用しない……」というイメージです。新しい研究や知識を、その発祥が自分達のものと異なることを理由に使わないことは多々あると思います。それは、自らの組織や集団・企業と他とを明確に峻別する境界をつくるからこそ生じます。自前主義です。その延長線上にガラパゴス化が起こります。独自の生態系をつくるというと聞こえはいいですが、外部環境適応ができない種は、淘汰されていくのかもしれません。

自分の周りがざわざわしていることに気づかない人はいないでしょう。これだけさまざまな情報が瞬時に手に入る現代、外部環境の急速な変化を否応なく感じているはずです。「なにかしないとまずいかな？」という「もやもや」は、日本的雇用慣行の機能不全と相まって、じわじわ加速しています。環境検知センサーの感度が高い人ほど、〝このままではまずい〟という危機感につながっていきます。ビジネス・パーソンのキャリアを巡る「もやもや」がこれほど蔓延している時代は、今までなかったといっていいかも知れません。「もやもや」は晴らすべきです。

心理的・物理的な居場所を移す越境で、「もやもや」を晴らす

　では、「もやもや」にどう対処したらいいのでしょうか？　ひとつだけ間違いないことがあります。ぼーっとして何も動き出さなければ、「もやもや」している現状を変えることができないということです。急速に自己内ガラパゴス化が進展します。さあ、どうするか？「もやもや」していることを、よしとするか否か。これが分かれ道です。よしとするならば、それでいい。問題は「もやもや」している自分をよしとしない場合です。そのときは越境です。心理的・物理的な自分の立脚点や居場所を移す行為である越境をしましょう。新しい世界、新しい自分との出会いです。

　ただし、学生時代のような他律的・自動的・半強制的な越境の機会は、余り社会人には訪れません。強いて言うならば、人事異動が半強制的な越境のタイミングでしょう。多くの企業では、人事異動がごく普通に機能していると思います。異動の辞令を受諾すると、殆どの場合居場所が変わります。越境することになるのです。この越境は、自らコントロールすることがなかなかできません。勿論、準備することは可能です。

スタンフォード大学のクランボルツ教授は、「プランド・ハプンスタンス」（計画された偶発性理論）を提唱しました。キャリアの8割は偶然のできごとで形成されるので、その機会を利用し、偶然のできごとを引き寄せるように働きかけ、積極的にキャリア開発するべき、というものです。

以下はその5つの実践ポイントです。

1 **好奇心** 普段から視野を広げ、視座を高めておくこと
2 **持続性** あきらめずに物事に向き合うこと
3 **柔軟性** 常にフレキシブルな姿勢で、臨機応変な対応を心がけること
4 **楽観性** 失敗や困難もポジティブに捉えること
5 **冒険心** リスクを恐れず行動すること

社会人の半強制的な越境機会である人事異動に対しては、このような心構えを持って臨むといいでしょう。ただ、あくまでもこの準備は、いつどのような越境の機会がくるのか分からない中での、受動的なものということができます。

もっと自律的・能動的・自発的なキャリアの「もやもや」への対処方法も考えるべきで

す。座しているばかりでは状況を突破できません。待っているだけでは誰も手を差し伸べてはくれません。キャリアを巡り「もやもや」している人には、自律的・能動的・自発的な越境行動が必要です。自ら動かなければ自分を変えることはできません。

現状とは異なる何かしらの状況に自分自身を移した時に、人は変化し成長するのだと思います。それは越境により実現します。越境は行動であり、行動した先の自分の立脚点や居場所でのできごと・経験は、今までとは異なります。それは人生の中でのターニング・ポイントになっていくのです。過去を振り返ってみてください。もし、そのときの越境行動とその後の経験がなければ、恐らくこの瞬間の自分はないでしょう。現在の自分を形づくるものは、過去の自分自身の越境とその前後での学習・気づきです。そして、未来も然り。

- 越境するか、しないか、で天地の差がつきます。
- 越境しなければ、変化は創れません。
- 越境しなければ、「もやもや」は解消しません。
- 越境は「もやもや」を晴らすことにつながります。
- 越境すると間違いなく何かが変わります。何かが始まります。

僕が社会人になって数年後の1990年代に、コロナ禍やデジタル・トランスフォーメーションに勝るとも劣らない外部環境の変化がありました。バブル崩壊・自社の資本構成の変更・インターネット時代の到来の3つです。タコ壺内で安住していていいのかという「もやもや」や疑念が生じてきた30代に、タコ壺の周りの海が激変したのです。今思うとこれは幸いでした。動かざるを得ない状況になったのです。「もやもや」がピークに達し、安住している居場所から次の場所に越境しないとまずいと強く思うようになりました。その後、自律的・能動的・自発的に、徹底してさまざまな越境をしてきました。その結果、今があります。もちろん、全ての「もやもや」がきれいさっぱり晴れて、視界良好ということではありません。ただ、越境しなければ、靄《もや》よりも濃い霧の中だったと思います。五里霧中です。

この本では、今の自分のキャリアを巡る「もやもや」をよしとしない人が、その「もやもや」にどう対処し、どう突破するのかを、越境をヒントに解き明かしていきます。皆さんと一緒に、越境のイメージを深めていきます。

越境は人間の基本的営み

越境とは、境界（線）を越えることです。ここではもう少し越境の行為・行動を深めてみましょう。

神話の世界は越境で成り立っています。アメリカの神話学者のジョーゼフ・キャンベルは、神話はセパレーション（分断／別れ／旅立ち）、イニシエーション（起動／何かの始まり／承認）、リターン（帰国／帰還／得ること）の3つの構造を持つと分析しています。旅立ち、境界を越え、新天地で何かが起こり感化され、再び境界を越え、戻ってくるというものです。神話のヒーローはこの流れを経るというものであり、映画『スター・ウォーズ』や『ロード・オブ・ザ・リング』などの物語にも、キャンベルの英雄の旅（Heroes and the Monomyth）が概ねあてはまります。ヒーローは越境するのです。

人類の進化も越境の繰り返しということができます。

我々の祖先はアフリカで誕生し、全世界に命懸けで越境しました。狩猟や農業というイノベーションの力を借り、洞窟から平原に出ていったのです。船がつくられ、原初の航海術のお陰で、大陸を越えていきました。四大文明から少し遅れて、紀元前7～8世紀にはギリシャ・ローマ文明が勃興します。地中海を中心とした越境活動が活発化していったと考えられます。

その頃の日本は縄文時代後期から弥生時代。稲作が日本全土に普及していった時期です。3世紀後半に大和政権が誕生し、朝鮮半島や中国との交流が盛んになってきました。この頃既に日本人は越境していたのです。7世紀初頭から約300年に渡って、遣隋使や遣唐使も大海を越境し、最新の大陸の宗教や文化を日本にもたらしました。鑑真も何度も越境しています。

世界でも越境が続きます。造船や航海技術が進化し、バイキングが躍動し、ヨーロッパからアメリカ大陸に入植活動が盛んに行われたようです。香辛料を求めて、インド洋、太平洋、大西洋といった大洋をも越えていく越境活動が活発化していきます。13世紀にはチンギス・カンがモンゴル帝国を興し、朝鮮半島からカスピ海までを支配するに至ります。そして、金・銀が新たな動機となり、バスコ・ダ・ガマ、コロンブス、マゼランに代表されるヨーロッパの大航海時代が始まります。キリスト教やイスラム教といった宗教の布教も、越境の原動力といえるでしょう。越境による冒険で歴史が形づくられていくのです。

室町・安土桃山・江戸時代は海を越えた越境があまりなさそうなイメージですが、遣唐使の廃止以来途絶えていた中国、朝鮮と国交を結んだり、琉球（沖縄）が東アジア交易の結節点としての位置づけを明確にしたりしていきます。民間レベルでの越境が行なわれていたことになります。また、ヨーロッパの大航海時代の影響は日本にも及んで、16世紀にはフランシスコ・ザビエルが織田信長に謁見しています。17世紀半ばに徳川幕府は鎖国政策をとり、オランダや中国との交易は正式には長崎の出島に限られました。ただ、世界が越境により〝開いていく〟動きに抗えるはずはなく、18世紀後半から19世紀中ごろにかけて、フランス、ロシア、イギリス、アメリカなどの艦隊が次々に日本を訪れ開国を迫ることになります。

19世紀から20世紀は植民地化とその開放の時代ということができます。植民地政策は16世紀の大航海時代に端を発したといえそうですが、19世紀にその勢いを増します。ヨーロッパ諸国やアメリカ、ロシアなどは越境して領土を拡大することに専心していきます。本国から移住者が越境することにより、国土を増やしていくのです。

20世紀後半から現代にかけて、越境は地球すら越えます。宇宙への越境です。１９６９年7月20日、アポロ11号のアームストロング船長とオルドリン操縦士が月に降り立ちます。究極の越境です。

狩猟、農業、布教、香辛料、金・銀、交易、領土拡大、越境は時代によってさまざまな思惑を孕みますが、いずれにせよ、**人類は自律的に境界を越え、越境することで自らの「もやもや」や閉塞感を突破してきたのではないでしょうか。**

ここで必要なのは、最初に越境の一歩を踏み出す人です。新しい分野であってもリスクを恐れずに、先陣を切って越境するリーダーが求められるのです。

現代はとても越境しやすい環境

そして、現代。働く我々にとって、越境のハードルはどんどん下がってきています。越境しやすくなっているのです。

働く場所を考えてみましょう。オフィス内ではフリーアドレス化が進んでいます。○○部□□課はこの場所、という物理的境界がなくなりつつあります。シェア・オフィスもそこかしこにつくられています。会社によってはオフィスを全廃したところもあります。オフィス自体の概念が大きく変わってきているのです。こうなると、オンラインのメリットを最大活用した越境がごく普通に行われるようになります。

働く時間はどうでしょう？　以前から事務職を中心にフレックスタイム制は浸透していました。２０１０年代になり次第に在宅勤務も進んできました。テレワークではプライベートからパブリックに軽やかに越境できます。通勤ラッシュも劇的に減少しています。ワーケーション（「ワーク」と「バケーション」を組み合わせた造語。リゾート地などでテレワークを行う働き方）も増え、休暇しながら緩やかに仕事をすることができるようになりました。時間的自由度が高まり、越境しやすくなっています。

働く相手を考えてみます。コロナ前は出勤して職場で働くことがごく普通でした。対面で集まり、打合せや会議をしたり、研究・開発に勤しんだり、顧客を訪問したりしていました。これらはみな、クラスター（集団）といえます。クラスターの本来の意味は植物の房や群生、動物の群れ・集団の意味ですが、コロナ禍ですっかり悪役になってしまいました。そこで、デジタル・クラスターの出番です。デジタル・クラスター、即ちオンライン上の集団であれば、感染する心配はありませんし、場所の制約もありません。どんどん越境して、デジタル・クラスターをつくり、コミュニケーションを重ねるべきです。

働き方も大きく変わってきています。例えば副業や兼業。大手企業でも認めるところが増えています。兼業は今の仕事をしながら別の仕事へ越境することともいえます。兼業で思い出すのは兼業農家です。会社に勤めながら農業をやる人は以前から大勢いました。専業農家の方が圧倒的に少なかったと思われます。仕事と農業の越境をしているということができます。また、ボランティアやプロボノも越境のひとつといえるでしょう。プロボノとは、持っている専門知識を無償提供して社会貢献するボランティア活動を指します。

外的環境の変化も越境のハードルを下げる要因といえそうです。天下泰平の時代は既に過ぎ去っています。高度経済成長はとうの昔に終わり、バブルも一瞬で過ぎ去り、バブル崩壊からずっと低成長の時代を我々は過ごしています。失われた20年どころか、30年が過ぎ去ろうとしています。そんな中、外部環境は急激に変化してきています。急速なグローバル化、インターネット時代の到来、カーボン・フリーを始めとする環境対応、急減する日本の人口、急増する途上国の人口、働き方改革、ダメおしのように襲ってきたコロナ禍……これらは枚挙にいとまがありません。

我々にとってごく馴染みがあり、日本の成長を支えてきた三種の神器ともいうべき年功序列、終身雇用、企業内労働組合や、新卒一括採用といった仕組みそのものが上手く機能していません。安心・安定・着実・確実な仕事はひとつもないと言ってもいいでしょう。どんな仕事も自律的な進化・変化が求められています。自分の身の周りがこんなに大騒ぎしている時代はありません。越境せざるを得ない状況が日増しに高まっているとも言えます。**働く場所、働く時間、働く相手、働き方、外部環境、これらの変化は越境を促すことはあれど、妨げるものではありません。現代はとても越境しやすいのです。**自律的・能動的・自発的な越境行動によって立脚点や居場所を変えることで、ビジネス・パーソンのキャリアを巡る「もやもや」を晴らす。〝この日本の、この時代ならではのチャンス〟を使わない手はありません。今こそ越境すべきでしょう。

ここからいよいよ、具体的な越境の方法について言及していきます。

越境は10種類に分けられる

ビジネス・パーソンのキャリアを巡る「もやもや」を晴らす越境は10種類あります。経済活動に関わる7つの越境と、社会生活に関する3つの越境です。

経済活動に関わる越境は、

- 個人内越境

- 企業内越境
- 企業間越境
- 職種間越境
- 業種間越境
- 産官学越境
- 労使間越境

社会活動に関わる越境は、

- 世代間越境
- 地域間越境
- 国家間越境です。

越境の種類・越境の概要・突破したい「もやもや」・必要なスキルについて次頁にまとめました。それぞれ着手しやすい順で並べてあります。

突破したい「もやもや」	必要なスキル
●自分って何？ ●仕事はこなせるようになったけど……	●自分と向き合う力 ●決めたら粘り強く続けること
●誰の役に立っているの？ ●自分が辞めても会社はまわる……	●自分の会社を俯瞰する視点 ●仕事を全体感で捉えること
●うちの会社はなんか古い？ ●転職は壁が高いけど、他社も見たい……	●他社に対する興味・関心 ●自分の仕事の根本価値の理解
●このままこの職種でいいのか？ ●仕事の汎用性はあるのか……	●今の職種に対する自信 ●違う職種に対する興味・関心
●この業種・業界にいて大丈夫？ ●業種が違うと同じ職種でも違いそう……	●今の業種の強みの理解 ●遠い業種に対する興味・関心
●このまま会社員でいいのかな？ ●行政やアカデミズムの世界もありそう……	●政策立案に対する興味・関心 ●真理の追究に対する拘り
●友人が起業して社長になった ●マネジャーにはまだなれそうにない……	●雇われて生きることへの疑問 ●経営するということへの覚悟

突破したい「もやもや」	必要なスキル／経験
●同世代といるのは楽しいけど…… ●会社以外のコミュニティがない……	●相手を尊重する気持ち ●胸襟を開く
●コロナ禍で出社しなくなった ●田舎暮らしもよさそう……	●環境に対応する力 ●人とのつながりを求めたい気持ち
●海外に飛び出してみたい ●日本の将来が不安……	●相手に何かを伝えたい気持ち ●大抵のことでは折れない心

図1-1 10の越境

経済活動に関わる越境

簡単 ↑ 着手難易度 ↓ 難しい

越境の種類	概要
個人内越境	自分の中で完結する越境。自分に向き合い内省・省察する。その後、できることを掘り下げ、したいことにつなげ、すべきことに昇華する。キーワードは守破離。
企業内越境	今の会社・組織の中で居場所を変える越境。自社のことを熟知し、他部門に興味・関心を持ち、異動を実現する。仕事の歯車感からの脱却がポイント。
企業間越境	安全・安心な今の会社を飛び出す越境。出向、企業間プロジェクト、副業・兼業の実施などがある。自社の再認識につながる。ただし転職自体は扱わない。
職種間越境	今とは異なる職種への越境。職種のかけ算で新しい価値を生みだすイメージ。職種の専門性をかけ合わせ、希少な人材になることができる。
業種間越境	業種・業界を飛び越える越境。業種間を冷徹に比較・相対化することで、今所属している業界の常識は、他業界の非常識でもあることに気づく。
産官学越境	行政を行なう官僚になったり、大学で教えるアカデミズムの世界への越境。ビジネスの世界とは異なる社会貢献の方向性を得ることができる。
労使間越境	経営者や起業家への越境。会社とは何かを認識し、経営の大変さや覚悟をイメージし、実際に会社をつくってみる。資本主義のダイナミズムを感じられる。

社会生活に関する越境

簡単 ↑ 着手難易度 ↓ 難しい

越境の種類	概要
世代間越境	世代を越えた越境。ボランティアやプロボノ、自治会やPTAなどのコミュニティに参加してみる。世代が違うと言葉も違う。コミュニケーションは大変だが面白い。
地域間越境	住む場所を越える越境。サード・プレイスを持ったり、ワーケーションをしたりしてみることから始め、住む場所を大胆に変えてみる。空気が変わると自分が変わる。
国家間越境	日本を飛び出す越境。海外出張、海外赴任を始め、MBA等を取得するための海外留学やJICA海外協力隊なども。異国での経験は相当タフだが刺激的。

「相対化」をして越境の準備をする

越境すると得られることが多くあります。キャンベルのいうリターン、つまり越境で獲得できることです。その前に、越境前後の状況を考えてみましょう。

越境は、今までの場所や所属・集団から離れて、何かしらが異なるグループに飛び込むことです。違いの認識が大前提です。そこでは自然と相対化、つまり比較が行なわれます。慣れ親しんだところとは、言葉やコミュニケーションの様相、物事の考え方や意志決定のスタイル、行動様式、褒める内容や褒め方、存在意義などが異なるはずです。今までとは何が違うのか？　どう異なるのか？　を相対化することで、ある種のカルチャーショックを感じることがあるかも知れません。だからこそ、気づきが得られるのです。比較し相対化したうえで、その違いをコト・概念として深耕や昇華することができれば、学びは更に深まると思われます。

その際に、「なぜ」と「そもそも」という接頭語が役立ちます。

- 「なぜ」、この人はこう考えるのだろう？　「なぜ」、このように行動するのか？　「なぜ」、こんな褒め言葉なのか？　今までの自分とは違う。この違和感は気になる。いっ

図1-2 越境と変容理論

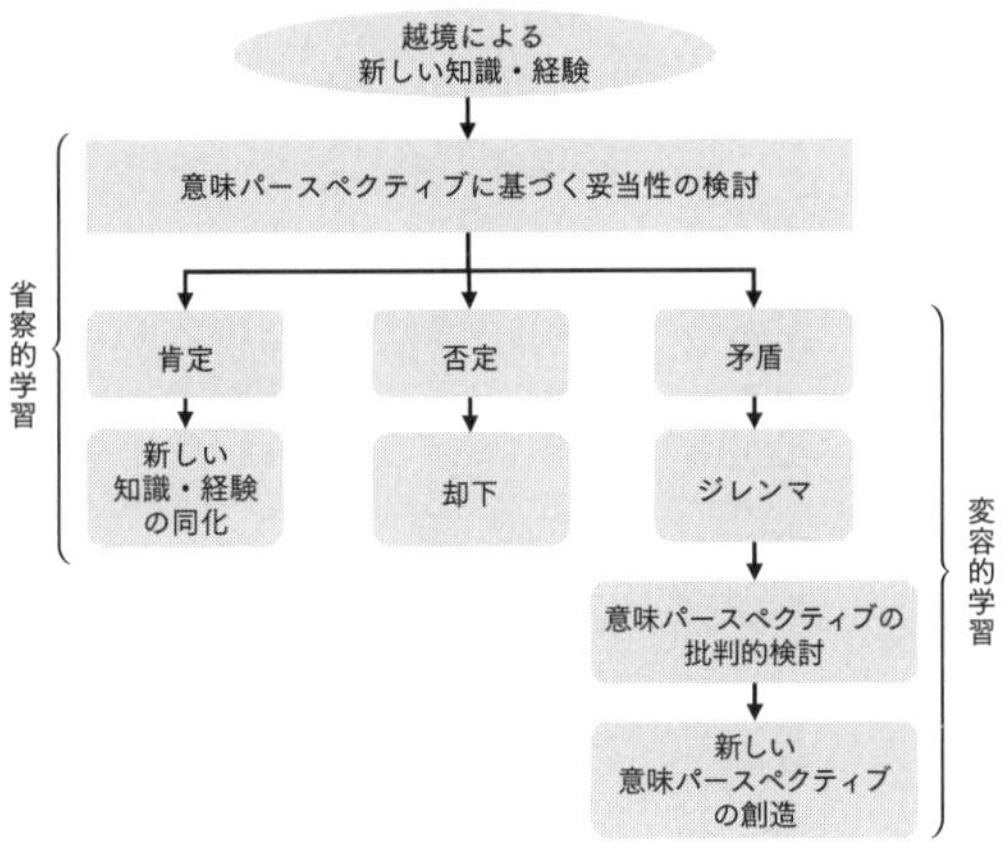

たい何だろうか？

- 「そもそも」、越境した先のグループの目的は何だろう？　今までの場所とは何かが違う。新しい場所に慣れ親しむことも大切だが、違いの認識の鮮度を保つべきだ。いわゆる〝外様〟で居続けることの価値もあるはずだ。

このように、越境前後の状況の違いを掘り下げて、掘り上げて、相対化することで、省察が行なわれ、自分の糧にすることができるのです。

相対化について更に深掘ります。なぜ、相対化が学びを促進するのでしょうか？

メジロー（1923〜2014）の変容

理論というものがあります。越境し、今までにないことを、新たなグループの人たちと挑戦し、その過程での自己との対話や周りの人たちとの交換を通じて、学びが深まるというものです。図1－2が変容の大まかな流れです。

越境することによる新しい知識・経験の獲得に始まり、相対化による矛盾↓ジレンマを経て、自分の認知の枠組みや価値観が変化します。矛盾が激しければ激しいほど、相対化の軸が深まり、「意味パースペクティブ」（習慣的に準拠している前提や価値、信念を構成している思考の枠組み）が変容すると考えられます。越境による相対化は非常に大きな力を持つのです。

「新しい知識」と「モノの見方の転換」

相対化が前提の越境による学びですが、越境↓相対化により獲得できることは何でしょうか？　実際に僕が獲得したことと併せて説明します。

第一に、**新しい知識**が得られます。越境した先での仕事やコミュニケーションには恐らく習熟していないでしょう。慣れて成果を出せるようになるまで、人は学びを深め、経験を重ねていきます。そのプロセスの中でさまざまな新しい知識を獲得していくのです。もちろん、知識の幅や深さは越境前後の内容によって大きく異なるかも知れません。しかし、異なる場に身を移し、異なることをやる以上、何かしらの気づきが得られるはずであり、それはその人にとって新しい知識といえます。

平成22年度に、「産業技術人材育成支援事業（フロンティア人材の育成・活用に関する調査）」という経済産業省との共同事業を行ないました。組織の中で新規事業やイノベーションを行なうイノベーター（フロンティア人材）はどんな人で、どんな組織や仕組みが育むのか？　を調査し、２０１１年3月14日にシンポジウムを実施し問題提起をするものです。味の素、ライフネット生命等の企業や多くのイノベーターにインタビューして、公式な報告書や『イノベーションの旅』という事例集を作成し納めました。

このプロジェクトで得られた新しい知識は、多くて深いものでした。イノベーションという概念や先行研究、企業やイノベーターのイノベーション創出に関するさまざまな事例、監修して下さった一橋大学名誉教授の野中郁次郎先生との議論による気づき、経済産業省産業人材政策室の官僚の視座・視界……。枚挙にいとまがありません。それまでは、リクルートでの仕事の中でイノベーションについて考えたことはありませんでした。全くの門外漢だった訳です。あるきっかけで経産省にこの事業の提案をして、受諾・議論検討・報告をしたのですが、その過程全てが浅学な自分にとっては新しい知識そのものでした。
このさまざまな新しい知識は、産官学越境の末、獲得することができ、また、企業内・企業間・業種間・世代間越境をした結果得られたともいえます。

第二に、**モノの見方の転換**が得られます。所属する集団によってモノの見方は異なります。ある組織ではごく普通の行為が、越境後の組織では絶賛されることは間々あります。認知と称賛の軸が異なるのです。その結果、今までの自分の認知の枠が外れ、新しい認識の仕方が手に入ります。例えば、効率をとにかく重視していた組織から、顧客第一主義の集団に越境することで、全く新しい環境認識の方法を得る、といったものです。こんなモノの見方があったのか！　今までにない考え方だ！　という具合です。単眼的な認識から複眼的な思考ができるようになるとも言い換えられるでしょう。

僕は、入社以来約40年間ずっと営業の仕事をやってきました。営業の基本は顧客接点の担保です。顧客の課題を把握し、自社の製品・サービスを精査し、ときにカスタマイズし納めて、提供価値を最大化し、解決につなげ、その対価を頂戴する仕事といえます。ずっとB to Bの世界で営業してきたので、顧客は企業（主に人事部）です。各社置かれている状況や人事・人材マネジメント課題は異なるため、個社個社に対して提案活動をしてきました。その意味では〝個別最適〟ということができます。

営業をしながら、新しい製品・サービスを開発するという仕事を2010年以降始めました。開発の仕事は営業とは異なります。視点は個別企業ではなく、社会課題に向かいます。世の中の状況や動向を踏まえ、課題を設定し、解決する方法を考えだし、プロトタイプ（試作品）を作りながら、今までにない製品・サービスを創っていく仕事です。開発では、営業の〝個別最適〟的アプローチではなく、市場や社会全体を捉える考え方が前提となりました。〝全体最適〟です。

営業と開発では、全くモノの見方が違いました。営業は徹底して顧客課題に向き合う帰納的捉え方をしますが、開発は市場や社会の課題から演繹的に物事を考え紡いでいく視点や視座が求められます。バックキャスティング（目標から逆算して行動を決める思考法）です。この違いは僕にとっては非常に新鮮で刺激的でした。

モノの見方の転換は、僕の場合、職種間越境をすることによって得られました。これは個人内・業種間・産官学・労使間・世代間・国家間越境でも容易に得られると思います。

「新結合」と「ネットワーク」

第三に、**新結合**が挙げられます。新結合とは、1912年に経済学者のシュンペーター（1883～1950）が『経済発展の理論』で提唱した資本主義経済の自発的な発展力の大元です。この場合は、今までのグループでの何かと、越境先での何かをかけ合わせることによって、全く新しい価値が生まれるというものです。その際、重要なことがあります。できるだけ遠くに跳ぶことです。近い概念のグループ間の越境では、びっくりするような組み合わせは生まれにくい。経験したことのない世界への越境で、新結合から新しい価値が生まれる可能性が高まります。

前述した経済産業省との共同事業で、これからの日本に必要なのは組織の中からイノベーション（経済効果をもたらす革新）を生むことだ、という確信を得ました。

2012～13年に、ある素材メーカーのCTOと、〝どうすれば組織の中からイノベーションが生まれるか？〟というテーマで2年間に渡って議論するという越境をしました。この前後に、ハーバードビジネススクールや東京大学、一橋大学等の経営学の教授に意見を伺い、企業の経営企画部長や研究開発部長等と議論し、イノベーションのおこしかたに一定のヒントを得ていました。そこで、このＣＴＯに対して、「研修仕立てでイノベーションをおこしてみませんか？」と提案しました。即座に「是非やりましょう」となりました。

僕が所属する会社は研修を顧客に提供していますので、その企画・開発・納品の能力はあります。研修とイノベーション自体をつなげ、新結合させようと考えたのです。そして、i-session®が生まれました。研修形式のイノベーション創出プロセスです。当初は「研修でイノベーションがおこせるなら苦労しないよ」と否定的な意見が大半でしたが、多くの企業の社員がi-session®を受講しています。

新結合はこのように、企業間越境をすることにより獲得できました。他にも個人内・企業内・産官学・世代間・国家間越境などでも新結合は獲得できます。

第四は**ネットワーク**です。ネットワークとは人とのつながりです。越境することにより今まで所属していたグループから離れます。越境先には新しい人たちがいます。その人たちと対話を繰り返し、親交を深め、垂直的学習をすることで、つながりがどんどん深まっていきます。垂直的学習とは、一つの分野を突き詰めていくような学習形態のことです。
人生１００年時代と叫ばれて久しいですが、長い人生で最大の宝物は家族や友人などの人間関係だと思います。越境することにより、新しい人とのつながり（ネットワーク）ができます。こんな嬉しいことはないと思います。

2010年の経産省との共同研究を皮切りに、僕は自分自身の研究・事業開発テーマを〝イノベーション〟とおきました。イノベーションに纏わることを死ぬまで続けていこうと思っています。イノベーションとは「経済効果をもたらす革新」であり、その実現のためには野中郁次郎教授曰くの「開かれた共同体」が必要です。情報や知識が一部にしか共有されていない「閉じた共同体」ではなく、合目的的な開かれた組織・集団が必要なのです。自分の脳内でひたすら革新的コトについて反芻し続けてもイノベーションとはいえません。自分が〝開いて〟他者とつながらなければ、新結合はおきないのは自明です。

そこで、さまざまな人たちとイノベーションを巡ってインタビュー・対話・議論・パネルディスカッション・対談・共同研究を行なってきました。顧客の人事部や経営企画部、R&D部門などの方々、大学教授、起業家、投資家、当該社会課題に関する専門家、同業者などです。また、彼らを専門家として研修やセミナーに招聘もしてきました。〝組織の中からイノベーションをおこす〟という問いは一切もぶらさず、彼らと徹底してつながってきました。その結果、イノベーションを基調テーマとした深くて広いネットワークを得ることができました。ある人とは議論を深め一緒に著作し、別の人にはi-session®で専門家として登壇頂いたり、共同研究をしている人やイノベーションを巡って合同で事業開発をしている人もいます。目的や関係性の深さはさまざまですが、このつながりは、越境なくしてはあり得ません。

ネットワーク（人とのつながり）は、僕の場合イノベーションを軸にした企業内・企業間・職種間・産官学・労使間・国家間越境をすることによって獲得できました。人脈という言葉で軽く流すことができない深いつながりです。とてもありがたいし大事にし続けないといけないと思っています。

「対人対応スキル」と「ワクワク感」

第五は**対人対応スキル**です。対人対応スキルとは、コミュニケーション能力と集団の中の他者との関係を構築する力です。慣れ親しんだ組織から新しい越境先に身を移した場合、周りは知らない人だらけです。多種多様な人たちとの深くかつスピーディなコミュニケーションが求められます。越境先で自分の存在意義を得るためには、ゼロベースで相手との対話を繰り返す必要があります。試行錯誤の繰り返しです。そんな状況自体が、関係構築の最高の機会です。対人スキル開発には、越境は最適な方法ということができます。

課長や部長に昇進するとか、執行役員や取締役に就任することは、会社員としては誇らしく、めでたいことです。ただ、僕はリクルートに入社以来、一度も管理職になったことがありません。30歳のときにプレイング・マネジャーになりましたが、管理職ではありませんでした。部下無し課長です。部下（リクルートではメンバーという）がいないので、基本的にはひとりで仕事をします。以降、公式には1日たりともメンバーを持ったことがなく、対人スキルはなかなか身につきませんでした。

いっぽうで、プレイング・マネジャーとして営業の仕事を徹底していくと、さまざまなプロジェクトを任されるようになりました。組成されるプロジェクトチームは部門や職種横断型のことが多く、疑似的・一時的な組織となります。そこでは、目的を決め、短期・中期的な目標を設定し、やることを決め体制や役割を整え、実際にプロジェクトを動かし、モニタリングや軌道修正をして、目標達成を目指し、最終的に目的を完遂したかを評価します。これを、当初はお互いよく知らない人たちと対話しながら行ないます。プロジェクト・リーダーとして目的や内容をメンバーに伝え、理解を促し目標を達成しなければいけません。〝あ・うん〟の呼吸は通用しません。この状況はプロジェクトメンバーとの関係性を構築するには最適です。僕は数多くのプロジェクトという疑似的な企業内越境をすることによって、対人対応スキルを開発することができたのです。とても貴重な経験でした。

対人対応スキルの開発は、企業内・企業間・職種間・労使間越境で主に獲得できます。

第六に、**ワクワク感**があります。越境することで、今までにない自分や、経験したことがない事象と遭遇します。初めての体験は緊張します。ドキドキです。でも、自分から飛び込んだ世界なので、きっとワクワクもするでしょう。「へぇ、私ってこんな風に考えるんだ」「なるほど、自分の強みが改めて分かった気がする」「この気づきの先に、新しい生き方がありそうだ」といった感じでしょうか。

僕のリクルートでの初任の仕事は自社の採用業務でした。学生に会い、就職に対する志向や興味・関心を引き出し、自社の魅力を伝え、話が合いそうな先輩と引き合わせ、動機を高め入社を決めてもらう仕事です。会社のことを殆ど理解していない新人にこのような大事な仕事をなぜ任せるのかが当初は分かりませんでしたが、次第に自社理解が深まり、学生の就職意向を高められるようになっていきました。

いっぽうで、ずっと学生を相手にしているので、ややもやしていました。半年後、上野営業所に人事異動となりました。当初は営業の仕事が怖かった。お客様に何か言われるのではないかとびくびくしていました。でも、顧客である経営者や人事の人たちとの対話は新鮮なものでした。異動でしたので自律的な越境ではありませんでしたが、営業の仕事を深めるにしたがって、もやもやが解消しワクワク感が増してきました。

その後、採用支援業務の領域を拡大する組織の要請と、自分の人材マネジメントに対する興味・関心が符合したため、他部署に越境して人材開発（研修）の仕事を自発的に始めました。これがまた面白い。今までにない世界でしたし、学んだことが生かせることもありましたが、全く通用しないことも多々ありました。新たなワクワク感を得ることができました。コンサルティング部門を立ち上げる話を聞き、人事部長に自分を売り込みにいき、HCソリューショングループというコンサルティング部門に移ることができました。この越境もまた、同じ会社ながら今までとは全く異なることをやらねばならず、大変でしたがワクワクでした。現在の会社に出向・転籍して以来10年余り、自ら設定したイノベーションの事業開発にコミットし続けています。これがまた、分からないことだらけですが、日々ワクワクし続けています。

ワクワク感は、個人内・企業内・企業間・職種間・業種間・産官学・労使間・世代間・地域間・国家間越境全てで得られると思います。

越境すると、このように多くのことが獲得できます。辛いこともあるかもしれませんが、得られることは沢山あるのです。さまざまな越境、強くおすすめします。

越境する際に、気をつけるべきこと

具体的な越境をする前に、注意点を挙げておきます。

①最初の一歩は緩やかに

越境はプロセス・行動であり、境界、すなわち何かしらの壁を越えなければならないため、最初の一歩を踏み出すのは簡単ではありません。今の所属やグループには安全・安心・信頼・安住があります。かたや越境先は未知の世界。その一歩を踏み出すには勇気が必要です。最初から高く強固な境界を越えるのではなく、比較的低いハードルを設定して越境しましょう。最初の一歩は緩やかに踏み出すことをおすすめします。

②違和感こそ大切にしよう

越境した先では、多くの人が「初めまして」の対象です。新しい人とのコミュニケーションでは、当初から何かしらの違和感がまとわりつきます。今まで自分がいた場所や所属から離れるので、当然です。ストレスになることもあるでしょう。もしかしたら違う種類の「もやもや」が生じるかも知れません。ただ、そのこと自体が越境の価値であることを忘れないでください。得られることや気づいたことをイメージし、〝なぜ〟と〝そもそも〟を駆使し、概念深耕や概念昇華を繰り返し、違和感の正体をつきとめてください。「もやもや」した視界が晴れてくることでしょう。

③自分を客観的に見つめる

越境先でのコミュニケーションは、相手と自分とで成立します。それには、まず自分自身を知る必要があります。自分とは何かを知っておけば、相手との違いが認識できるはずです。コミュニケーションが進むと、自然と相対化が行なわれます。その際、〝隣の芝生が青く見える〟ことがあります。自己が揺らぐこともあります。その違いが大切です。客観的に自分を見つめ、他者とのかけ合わせをしていくとよいでしょう。

④新結合を意識する

越境をすることで、今までにない経験や知識、モノの見方を獲得できます。そのとき、「ふーん」「なるほど」で終わらせてしまうのはもったいない。自分が今までに培った視座・視界、知見・知識、経験、ノウハウ、スキルといったコトとの新結合を強く意識すべきです。異なるコトとコトとの組み合わせで新しい価値が生まれます。③「自分を客観的に見つめる」ことを意識しながら、越境先で得られたコトと自分をつなげて物事を捉えると、新たな知が生まれてきます。それはその先の自分のキャリアにも連なっていくことでしょう。

⑤越境を促進する制度を熟知し、特に人事部とつながる

越境には、自律的・能動的・自発的な行動が必要です。基点は自分自身です。徹底した越境行動をとっていくべきです。いっぽう、幾つかの越境は、自分だけでできないものもあります。社内人材公募制度や副業・兼業による越境などです。越境を促進する制度に関しては、その内容を熟知することが大切です。ただ、所属企業に制度自体がない場合もあるでしょう。そのときに諦めるのは早い。越境を巡る仕組みや制度を司っているのは主に人事部です。人事部に制度を導入すべきと提案することは可能です。時代は越境を促進する方向で動いています。外部環境の変化を味方につけて、人事部や経営陣に問題提起する

ことで状況を突破できる可能性があるのです。そのためには普段から人事部のキーパーソンとつながっておくことをおすすめします。

以上、越境をする際の注意点を挙げました。

主体者が自分である以上、③の「自分を客観的に見つめる」ことは特に重要です。でも、「どうやって自分を知るのか？」「自分の正体は？」と思っている人も多いでしょう。僕自身も、自分とは何？　という問いをずっと考え続けてきました。

自分を知り、自分の枠組みや限界を知り、それを越える。この自分自身の越境を皮切りに、10の具体的な越境方法について言及していきます。いよいよ、越境の旅の始まりです。

Chapter 1

個人内越境

Intra-personal border crossing

自分自身の「もやもや」を突破する

個人内越境

Intra-personal border crossing

「この会社で10年働いてきたけど、本当にこの仕事でよかったのか？　そもそも〝自分自身のこと〟がよく分かっていない気がする。自分って一体何？　もやもや……」

「就活しているときの方が、自分と向き合っていた気がする。今は目の前の仕事を〝こなす〟ことに精一杯で、自分をどこかに置き忘れている感じだ。もやもや……」

「仕事はある程度できるようになってきたけど、〝そこそこ〟で終わっていて突き抜けていない。もやもや……」

このような「もやもや」感は、仕事を始めて10年くらいのビジネス・パーソンであれば誰しも持っているでしょう。自分のことが分からない、自身の真の強さや可能性がぼんやりとしか見えていない。仕事には真摯に取り組んできたけど、自分に向き合うことを忘れてしまったために生じる、自分自身に対する

「もやもや」です。

自分自身の「もやもや」は、個人内越境で晴らします。自分に向き合い、内省・省察する。その後、できることを掘り下げ、したいことにつなげ、すべきことに昇華する。つまり、自分自身の壁を越えるということです。

オリンピックなどの競技大会のインタビューでメダリストがよく口にします。「自分を越えられました」「ライバルは自分自身です」。自身の壁を越えられたとき、新しい自分に出会えます。キーワードは〝守破離〟です。

個人内越境で必要なスキルは、自分と向き合う力です。「今更自分探し？」ということもありますが、死ぬまで付き合う唯一の存在が自分です。そして、決めたら粘り強く続けることも必要です。途中で軽々にやめるのは自己信頼の欠如です。

個人内越境で自分自身の「もやもや」を突破しましょう。

1 過去の自分を振り返り、〝自分らしさ〟を言葉にする

個人内越境で最初にできることは、過去の自己への越境です。自分というやっかいな存在に向き合うことが苦手な人は多いと思います。しかし、過去の蓄積で今の自分があることは明らかです。今まで生きてきて、一番盛り上がっていたときはいつか？　そのとき何があったか？　ちょっと意気消沈していた時期は？　過去から今に至るまでを振り返ってみましょう。

自分自身を振り返るとはどういうことでしょうか？　何を振り返るといいのでしょうか？　社会人としてのスタートから今までの自分のキャリアを横軸に、縦軸のプラスにご機嫌さ

を、マイナスに不機嫌さをおいて、越境ポイントを記入し、その時々のポジティブ／ネガティブなできごとや気持ちを書いてみます。越境点とモチベーション曲線です。就活などで自己発見や自分探しなどと称して書いたことがある人も多いでしょう。

不思議なことに、社会人になってからは自分の過去のできごとをあまり考えない人が多いようです。今更自分と向き合うのは気が進まないと思いますが、ここは敢えて過去の自己へ越境してみましょう。入社以降感じたことを、特に細かく書いてみてください。あの部署にいたときはとてもエネルギッシュだったとか、あの異動はかなり厳しかった、などなど。その前後で獲得してきたスキルを付記してもいいでしょう。気持ちのこもった職務経歴書ができ上がります。

最後に、シート全体をくまなく見つめてみます。過去から今に連なる自分自身が蘇ってくるはずです。気持ちや行動に不足があれば、この段階で付け加えます。関係者を具体名で書くと手触り感が増すと思います。その後、モチベーション曲線全体を俯瞰して眺めながら、**自分らしさを言葉にしてみます。名詞、動詞、形容詞、なんでも構いません。ただし、一言であることが重要です。**自分のキャリアを振り返って考えられるキーワードです。それが個人内越境の基盤となります。

僕自身の越境点とモチベーション曲線を描いてみました。二度目の凹みは、今思い出し

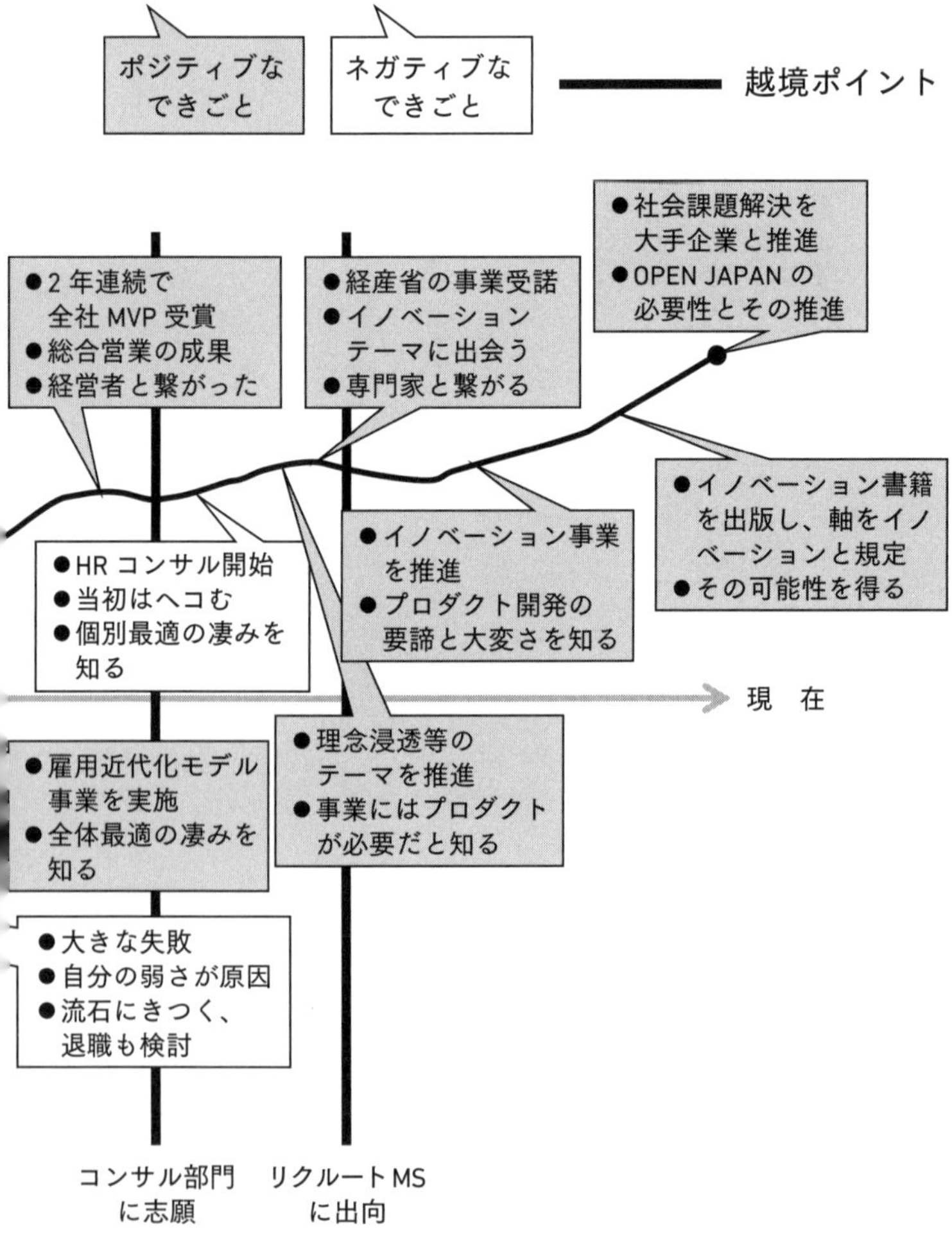

ポジティブなできごと
ネガティブなできごと
越境ポイント
●2年連続で全社MVP受賞
●総合営業の成果
●経営者と繋がった
●経産省の事業受諾
●イノベーションテーマに出会う
●専門家と繋がる
●社会課題解決を大手企業と推進
●OPEN JAPANの必要性とその推進
●HRコンサル開始
●当初はヘコむ
●個別最適の凄みを知る
●イノベーション事業を推進
●プロダクト開発の要諦と大変さを知る
●イノベーション書籍を出版し、軸をイノベーションと規定
●その可能性を得る
現　在
●雇用近代化モデル事業を実施
●全体最適の凄みを知る
●理念浸透等のテーマを推進
●事業にはプロダクトが必要だと知る
●大きな失敗
●自分の弱さが原因
●流石にきつく、退職も検討
コンサル部門に志願
リクルートMSに出向

図2-1 著者の越境点とモチベーション曲線

- 越境したポイントを記入→社会人スタートからのモチベーション曲線を記入
- ポジティブ／ネガティブなできごとを記載

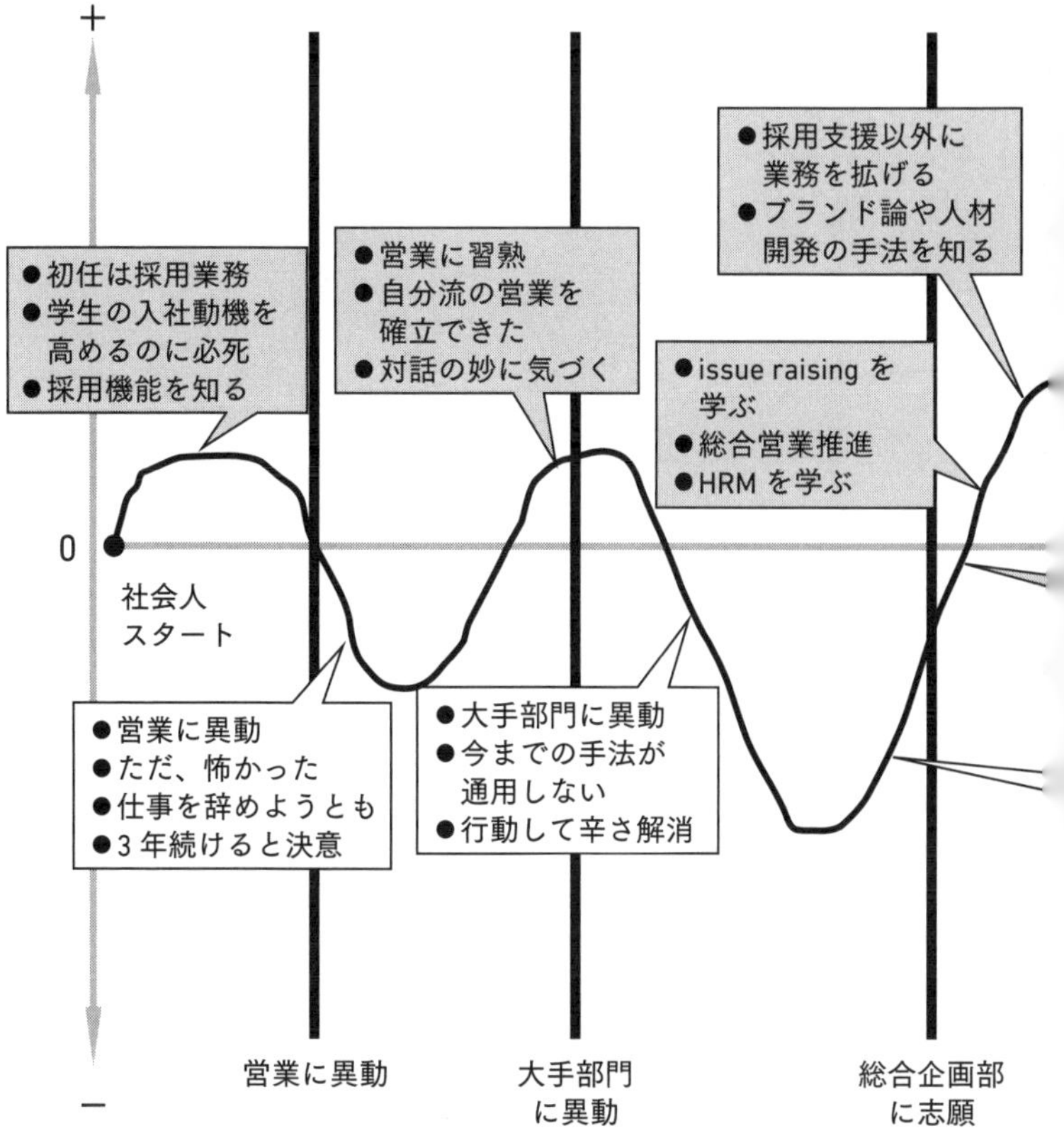

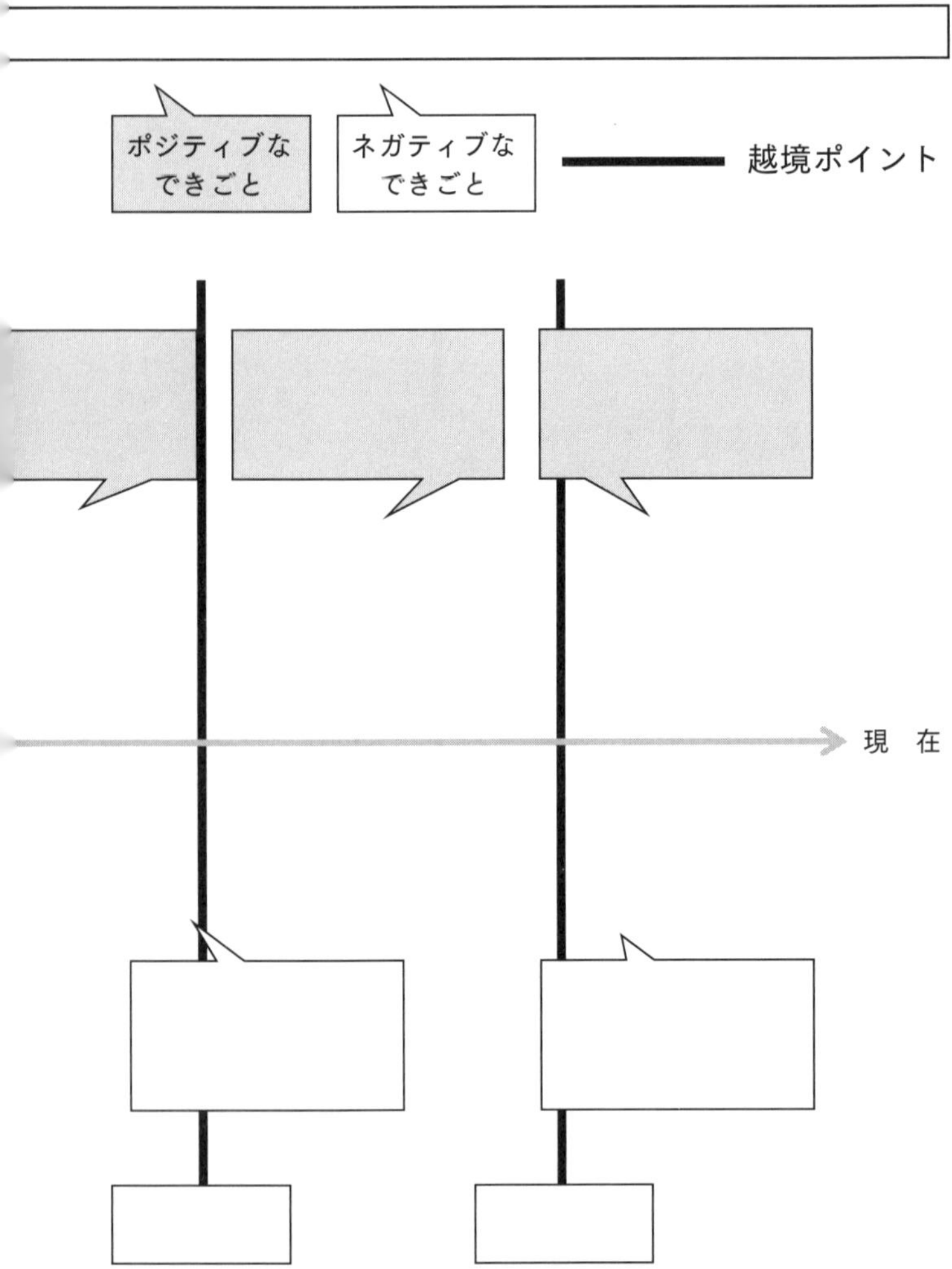
ポジティブなできごと
ネガティブなできごと
越境ポイント
現 在

図2-2　ワークシート①

越境点とモチベーション曲線シート

- 越境したポイントを記入→社会人スタートからのモチベーション曲線を記入
- ポジティブ／ネガティブなできごとを記載

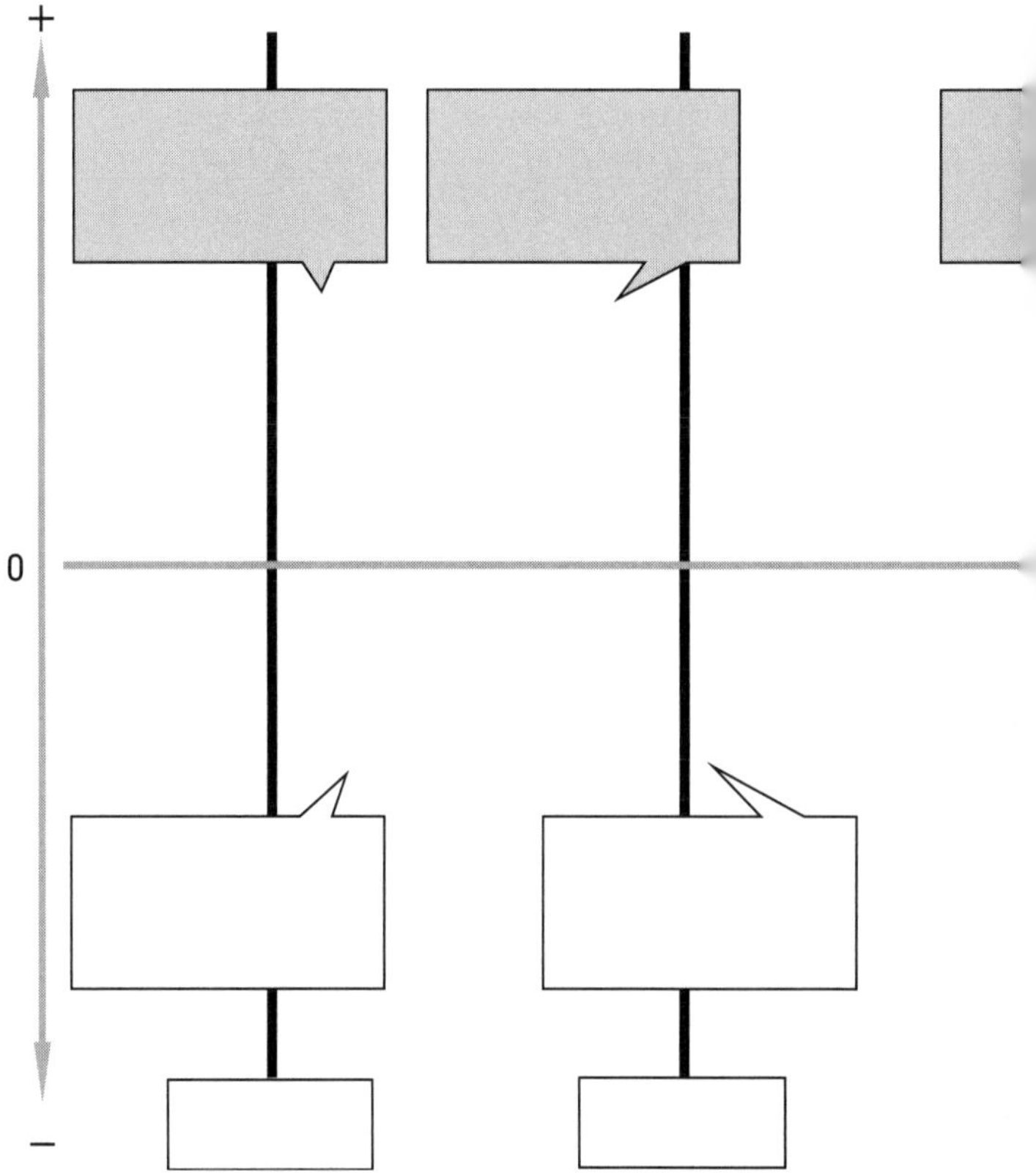

てもかなり厳しく、そのできごとがきっかけで自分なりの仕事スタイルが確立でき、以降は前進していると思います。

僕が個人内越境し、自分を振り返った結果導き出したキーワードは「イノベーション」です。40代前半に、それまでのキャリアを振り返って書いたモチベーション曲線を基に、同世代の同僚とお互いに見せ合いながら、侃々諤々議論しながら辿り着いた〝自分らしさ〟です。他者からの問いで、自分の過去と深く向き合えたことを思い出します。「イノベーション」は、1912年にシュンペーターによって世界に持ち込まれた概念ですが、どうすれば必ずおこせるかの解は今もありません。多義語であり、複雑で、向き合うには格好のテーマです。自分のテーマはこれだ！　と思い、会社を離れてもずっと付き合っていくと決めました。それは今も変わりません。

前ページに、越境点とモチベーション曲線のワークシートを加えています。是非、活用してみてください。

2 価値観を言語化し、自分の〝根っこ〟を知る

自分自身を分からないと感じることはありませんか？ 僕もそうです。自分が何かしらの意思決定をするときに、その根底には価値観があるはずです。そのため、価値観を言語化し、知っておくことは大切です。

価値観とは、自分の心理的前提であり、考え方・思い込み・信念といったものです。価値観はコミュニケーションの背景にあり、私たちは無意識に使っています。ですから、日常でのできごとの認識にそれらは現れます。認識には人それぞれの特徴があります。その根底に価値観があるのです。

自分の価値観を知るにはいくつか方法がありますが、ここでは価値観カードを示します。

以下にある物事の考え方や大事にしている価値観の中から、自分にフィットするものを選び出します。直感で構いません。その中で、どうしても譲れないものを5つ選び出し、じっくり眺めてみます。それが自分の価値観の特徴を表わすものです。

□笑い：笑いの絶えない時間を過ごす
□変化：変化に富んだ人生を送る
□人気：多くの人に好かれる
□創造：新しい価値をつくる
□成長：変化と成長を志向する
□熟達：仕事・作業に集中し熟練する
□配慮：他人を気遣い世話をする
□現在：今この瞬間に生きる
□秩序：秩序ある人生を送る
□貢献：社会の役に立つことをする
□単純：シンプルな生活をする
□平安：内面の平和を維持する

□適度：程よいところを探して生きる
□真実：本当のことを強く求める
□美的：美しいものを味わう
□知識：知識を学んで、生み出す
□健康：健康で心地よく生きる
□柔軟：適応性に富む
□謙遜：静かに控えめに生きる
□権力：他人を支配することを好む
□目的：人生の意味を決める
□独立：他者に依存せずに生きる
□家族：愛にあふれる家庭をつくる
□信頼：頼れる人間になる
□伝統：過去の伝統を大事にする
□希望：楽観的に生きる
□情熱：情熱的にものごとに取り組む
□開放：心を開き受け入れる

□快適：穏やかで快適な人生を送る
□友情：助け合える友人をつくる
□余裕：心のゆとりを大事にする
□責任：責任をもってふるまう
□自由：束縛されず自由に生きる
□勇気：勇気をもって行動する
□協調：他者と協力して何かをする
□達成：何かを必ず成し得る
□自律：自己を律し生きていく
□自尊：自分に自信をもつ
□孤独：ひとりでいることを好む
□合理：理性と論理に従う
□喜び：他者と喜びを分かち合う
□自信：自己を信頼する
□進化：現状をいい方向に変える
□努力：コツコツと努力を惜しまない

□寛容：自分と違う存在を受け入れる
□個性：独創的なことや自分を好む
□直観：自分の直観に従う
□誠実：正直なことを美徳として生きる
□安定：変化がないことを好む
□挑戦：難しいことに取り組む

5つの価値観を選べたら、それらを統合するキャッチフレーズを一言で表わしてみましょう。自分が浮かび上がってくるはずです。

また、どうしても受け入れ難い価値観も5つ選んでください。大事な価値観と対比すると、自分の意志決定の基準値の解像度があがります。

ちなみに僕が選んだ5つの譲れない価値観は、笑い・自由・挑戦・柔軟・創造、でした。考え出したキャッチフレーズは、〝自分で考え前に進む〟です。前項で自分を振り返った結果のキーワードは〝イノベーション〟でしたので、僕の場合は〝イノベーションのことを自分で考えて前に進む〟ということになります。このように個人内越境して〝自分らしさ〟を言語化していくと、自分とは何かが朧気ながら見えてくると思います。

3　資産を3つに分類し、自分の強みを理解する

過去のできごとやモチベーションの源泉、自分の価値観を振り返り、自分らしさを言語化しました。でも、自分が持っているものは何？　どんな強みがあるの？　と思っている人は多いでしょう。更に個人内越境を進めます。

個人の強みを資産として捉えたのが『LIFE SHIFT』（東洋経済新報社）の著者でもあるリンダ・グラットンです。**人は生産性資産、活力資産、変身資産の3つの資産を持つ**と彼女は主張しています。

生産性資産は仕事をする能力です。今までの自分の、特に仕事を始めてからのキャリアを振り返ったとき、生産性資産の一端は垣間見えたかと思います。モチベーション曲線上

に、獲得したスキルや経験を付記することで、ある程度概観することができます。

活力資産はいわば健康です。健康とは、WHOの定義によると、「肉体的にも、精神的にも、そして社会的にも、すべてが満たされた状態にあること」です。越境は行動であり、心身の健康を求めます。肉体的な健康は、健康診断等の結果を精査することである程度分かります。近年は企業でストレスチェックが義務化されているので、精神的な健康状態を知ることもできるでしょう。社会的に満たされているとは、私見ですが、自分が社会の一員として期待され、貢献している状態かと考えます。活力資産を随時チェックしておく必要があります。

変身資産は人とのつながりと解釈できます。人はひとりぼっちではなかなか越境しにくい。誰かに相談したくなるものです。時にはアドバイスをくれて、時には背中を押してくれる仲間、それが変身資産です。越境をイメージしたとき、その行為自体について相談できる相手は一体誰かを書き出してみます。家族や親友などの強いつながりはもとより、普段あまり話すことがない弱いつながり（weak ties）の人も重要です。弱いつながりは、社会学者のグラノベッターが提唱した考え方です。元々は転職する際の企業情報を誰から入

図2-3　3つの資産

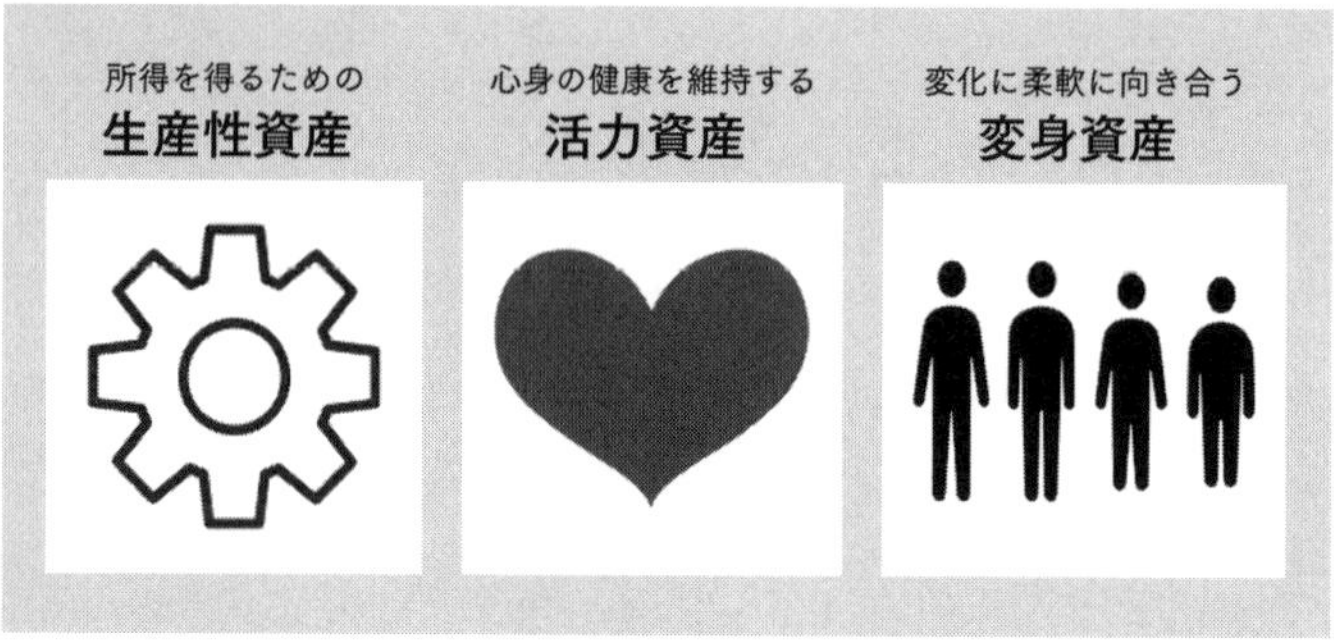

手したか、というテーマの研究でしたが、現在はイノベーション研究にも連なっています。

弱いつながりのネットワークからは、強い関係性でない分、思いがけないところからの意表を突くボールを貰えるかもしれません。これが大事です。ＳＮＳ等を活用してweak tiesを概観してみて下さい。このような人たちが変身資産をかたちづくります。

3つの資産

僕も3つの資産を棚下ろししてみました。

生産性資産は、営業から始まりコンサルテ

ィングや事業開発の仕事をすることで、人並みにはあると思います。活力資産は新入社員時代から体重がほぼ変わっていないことを考えると、過信は禁物ですがまあ大丈夫かと思います。変身資産はどうでしょう？ 僕は2011年にFacebookを始めました。その友だちをひとりひとり見ていくと、自分が越境するときに相談に乗ってくれそうな、それほど強くないつながりの友人が沢山いることが分かりました。個人内越境し、3つの資産を掘り下げることで、自分の強みを確認することができたのです。前進するエネルギーが湧いてきました。

変身資産を考える
- 自分の周りの関係者を全て書き出す
- SNS 等でつながっている人も記入する

自分の強みをイメージする
- 生産性資産、活力資産、変身資産を眺める
- 自分の強みのキーワードをひねり出す

図2-4　ワークシート②

資産棚卸しシート

生産性資産を考える
●モチベーション曲線を振り返る
●経験から獲得したスキルを記入する

↓

活力資産を振り返る
●健康診断等の記録から、健康状況を振り返る
●モチベーション曲線のネガティブ状況を参考にする

4 自分の今とこれからを考え、自分らしさと未来感をつかむ

今までの自分を振り返り、価値観を言語化し、資産を確認したうえで、次は自分の今とこれからを考えましょう。有効なフレームがあります。Will／Can／Mustです。それぞれ詳しくご説明します。

まず、Willです。今とこれからで自分が本当にやりたいことは何か？ を自問自答してみます。何をしている時が楽しい？ 時間を忘れるほど夢中になったことは？ やりたいことは？ 仕事でもプライベートでもなんでも構いません。過去の仕事経験で、めちゃくちゃ盛り上がったときがあったら、それは恐らくやりたいこと（やりたかったこと）です。趣味や特技でも問題ありません。やりたいことはひとつではないかも知れません。あれも

やりたい、これもやりたい、で構いません。できるかどうかは別として、やりたいことを考えて書き出してみます。きっと沢山あるはずです。

次は、Canです。自分ができることは何か?。細かいこと、小さいことから、大きなことまで、できること、できそうなことを列記していきます。その際に大切なのは、具体的であることです。

例えば「営業ができる」、では抽象的です。どんな製品・サービスを、どんな顧客に対して、どうやって営業するか、くらいの具体性が必要です。具体的であればあるほど、自分の今とこれからの方向性が見えてくると思います。また、Canはビジネス・パーソンとしてのものが主になると思いますが、それ以前のCanも有効です。学生時代の経験から培ったCanが今に連なっている人も多いと思います。就活で定番のように語られるサークルをまとめた経験も、一見陳腐に思えるかもしれませんが、どんな関係者で、どんな状況で、どんな問題があって、問題を課題にどう変換して、それをどのように突破したのかを改めて振り返ってみると、そのときの色々なCanが見えてくると思います。できること、できそうなこと、これも大量にあるでしょう。

最後は、Mustです。現在の仕事でビジネス・パーソンとして求められていることは一体何かを、自分のMBO（目標管理）シートを見ながら書き出します。期待は何か？　そのためにすべきことは何か？　最近は目標をより具体的に設定する傾向があります。その方が評価・考課がしやすいためです。目標がいわばMustですが、それだけでは足りません。目標の裏にある目的は何かを考えるべきです。より抽象度が上がりますが、使命としての合目的的Mustであれば何かしら活力が生まれてきそうです。

Will／Can／Mustをこのように精緻に考え書き出したら、それらが重ね合わさったところに浮かび上がる要素があります。それが自分の今とこれからといえます。じっくりと重なった領域を見つめて、相応しいキャッチフレーズを考えます。自分の今とこれからに相応しいものになるでしょう。

僕のWill／Can／Mustを描いてみました。自分のテーマは「イノベーション」です。改めて、自分の立ち位置がはっきりしました。84ページにWill／Can／Mustのワークシートを載せました。ご活用下さい。

図2-5 著者のWill／Can／Mustの図

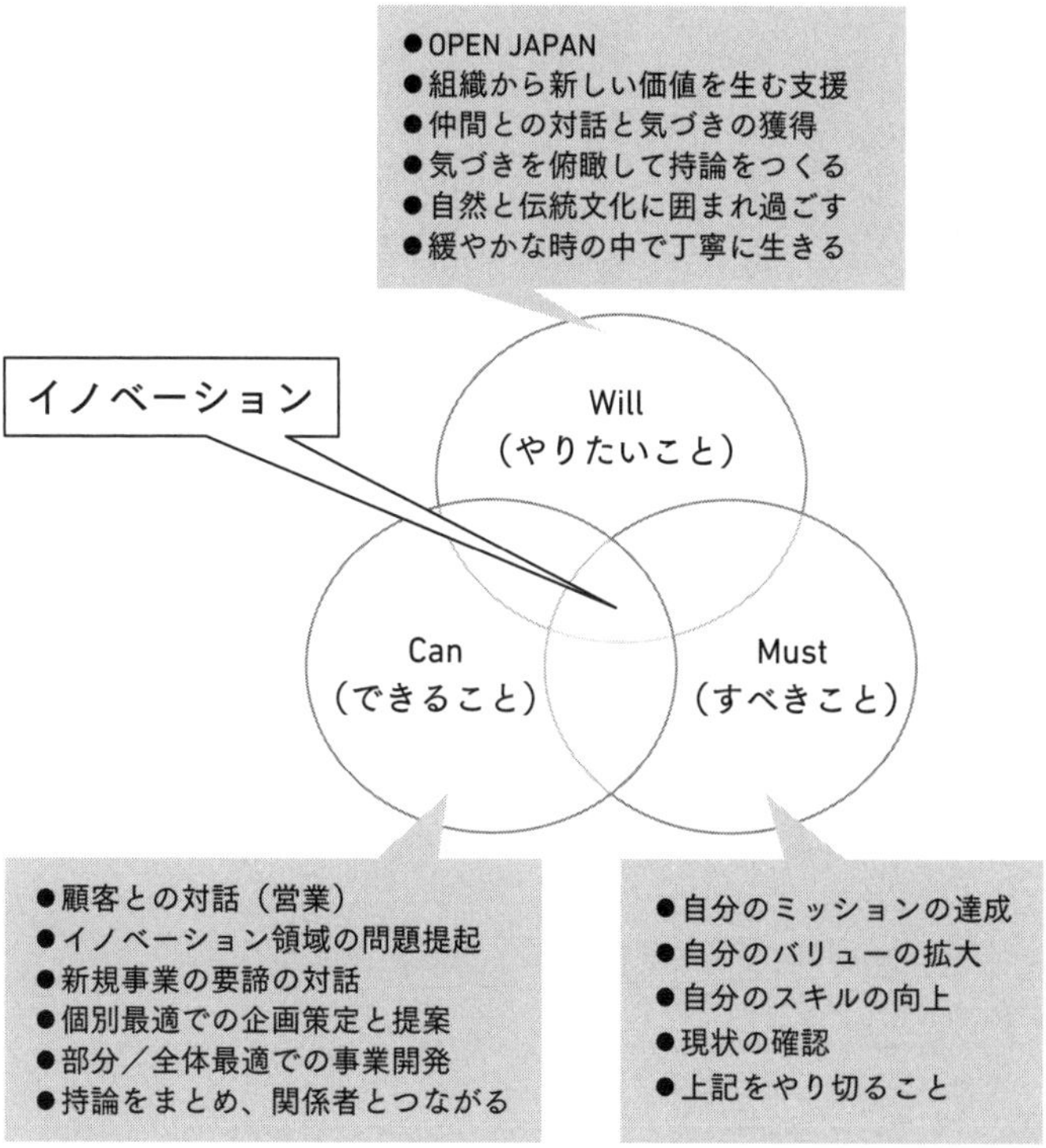

5 〝守破離〟の段階を踏み、自分の可能性を拡張する

自分の今とこれからが分かってきたところで、個人内越境を更に進めます。〝守破離〟という考え方を用いてみましょう。〝守破離〟とは、武道や茶道などでの師弟関係のあり方や、修業における過程や段階を示したものです。

〝守〟は、教えや型・技を忠実に守り、確実に身に着ける段階です。どの仕事においても〝守〟は大切です。徹底的にやり切ることで、熟達することができます。

熟達研究の第一人者であるアンダース・エリクソンが提唱した「限界的練習」というものがあります。ひとつのことを適切に5000時間繰り返し練習すると、誰でもエキスパートになれるというものです。このご時世、5000時間はいかにも長い。仮に1日4時

図2-6　「守」のイメージ

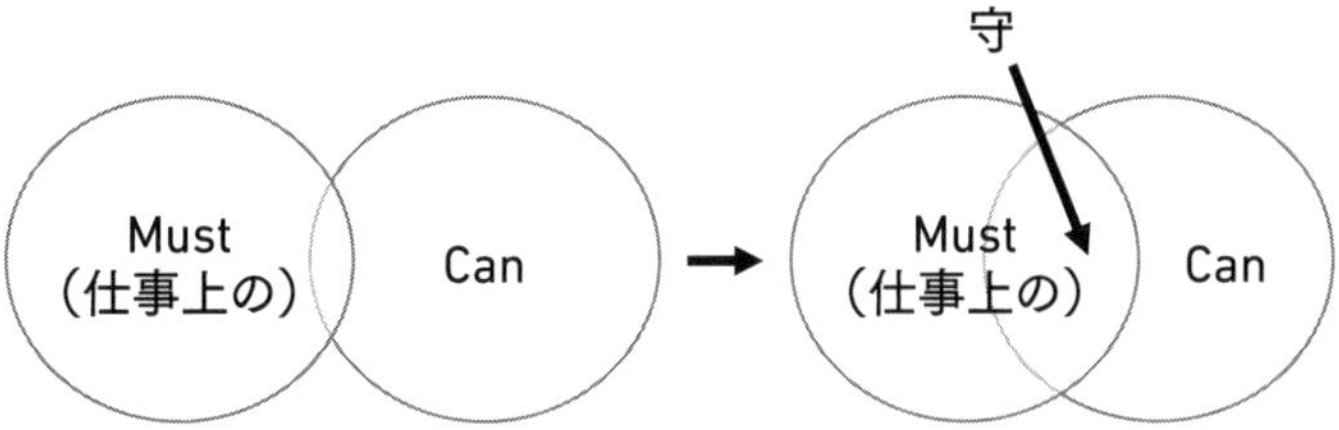

間、毎日ひとつのことをやり続けても3年半ほどかかります。いっぽうで、エキスパートになれるのであれば、人生100年時代を前提にした場合には、短いと捉えることもできます。この〝守〟のポイントは組織の要請です。Must（すべきこと）は今もある筈です。それを丁寧に行なって、徐々にCan（できること）を増やしていくのです。

次が〝破〟です。**〝破〟は、他の師匠や流派の教えについても考え、いいものであれば取り入れて心技を発展させる段階です。**〝守〟ができるようになったら、視野を広げて、少しやり方を変えてみるのです。〝破〟自体が個人内越境といえます。そこでは〝守〟で

図2-7　「破」のイメージ

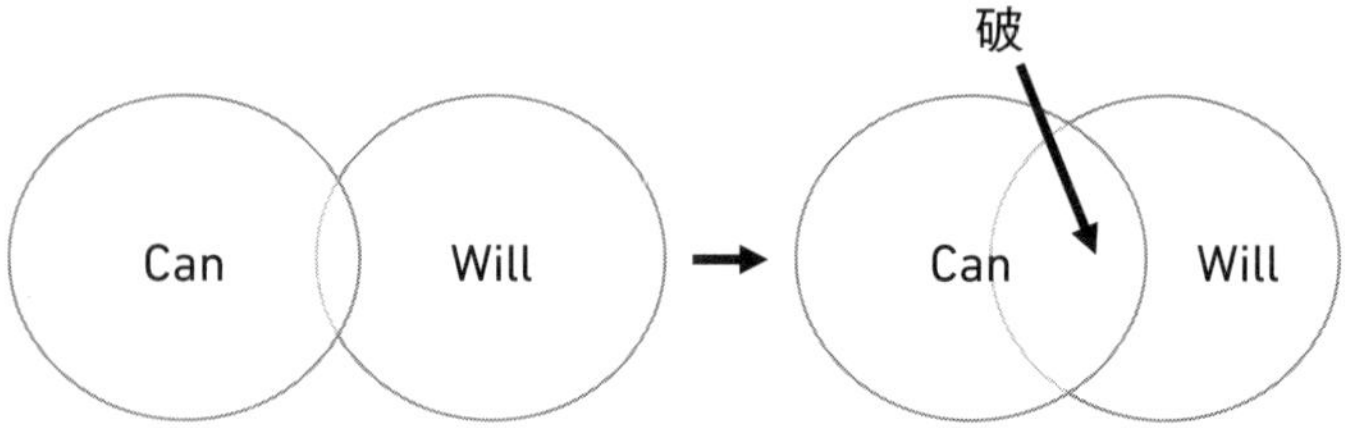

培ったCanにWill（やりたいこと）をつなげてみます。周囲を見回して、弱いつながり（weak ties）を沢山つくり、参考となる事象やノウハウ、技術を取り入れ、〝破〟の参考にします。自分自身の認知の枠組みを敢えて壊して、価値観、成功体験などを、一度脇に置いてみることが大切です。Willは元々エネルギーを持っていますから、Canとの接続が自分自身の壁を越えることにつながります。

最後が〝離〟です。**〝離〟は一つの流派から離れ、新しいものを生みだし確立する段階です。**〝離〟は、〝破〟と社会の要請（Must）をつなげてみることで実現できます。ミソは社会です。〝離〟では、社会から

図2-8　「離」のイメージ

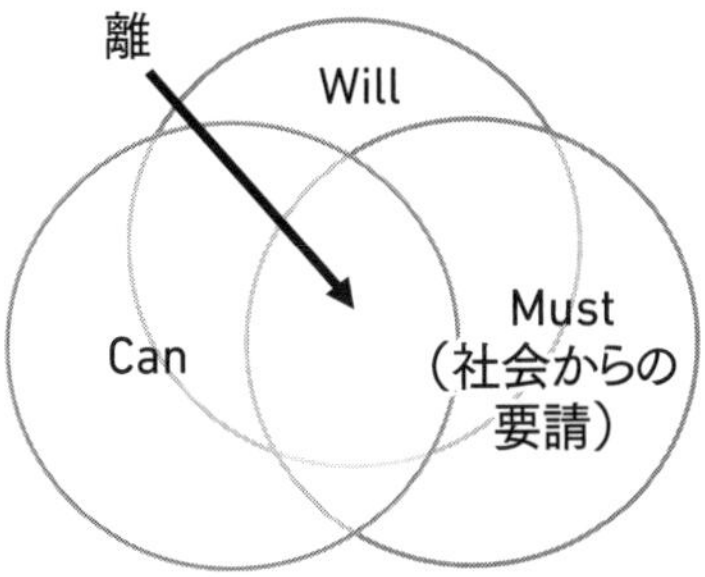

付託されているか？　世の中が必要としているか？　を考えるべきです。

Will／Can／Mustに守破離を新結合させました。個人内越境のイメージが深まったと思います。85ページに〝守破離〟のワークシートを載せました。活用してください。

図2-9　ワークシート③

今の Will／Can／Must シート

●今の自分の Will／Can／Must を吹き出しに記入
●3 つが重なっている領域で、自分のテーマを考える

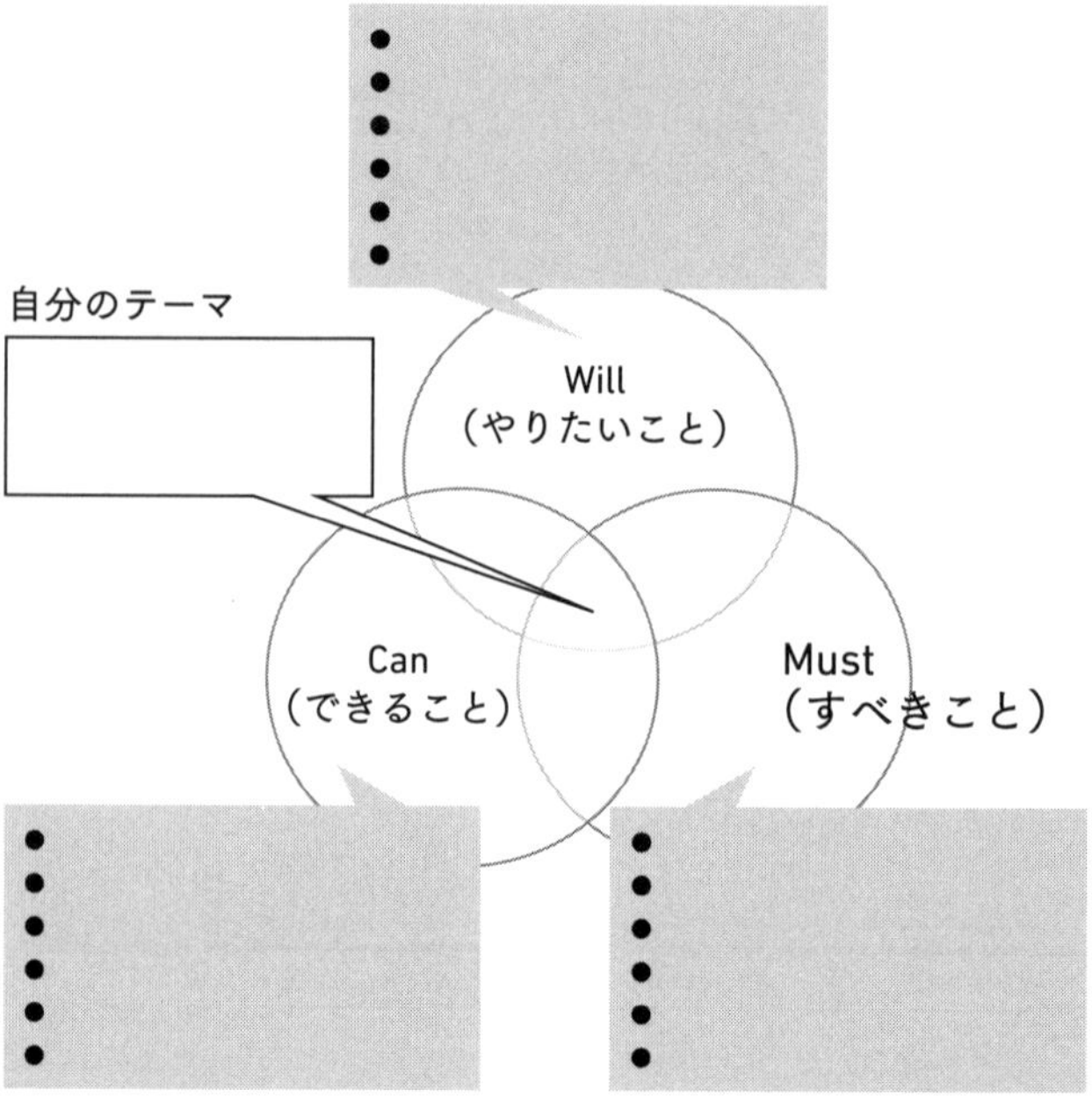

図2-10 ワークシート④

守破離シート

守を考える

- 仕事上の Must を記入
- 仕事上の Must をコツコツやることで、Can を増やす

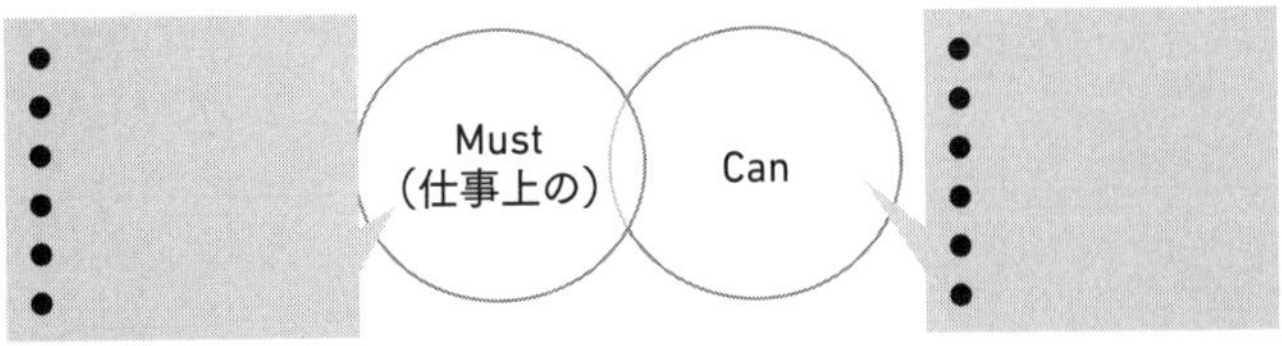

破を考える

- 守で培った Can を記入
- Will を記入し、Can とつなげる

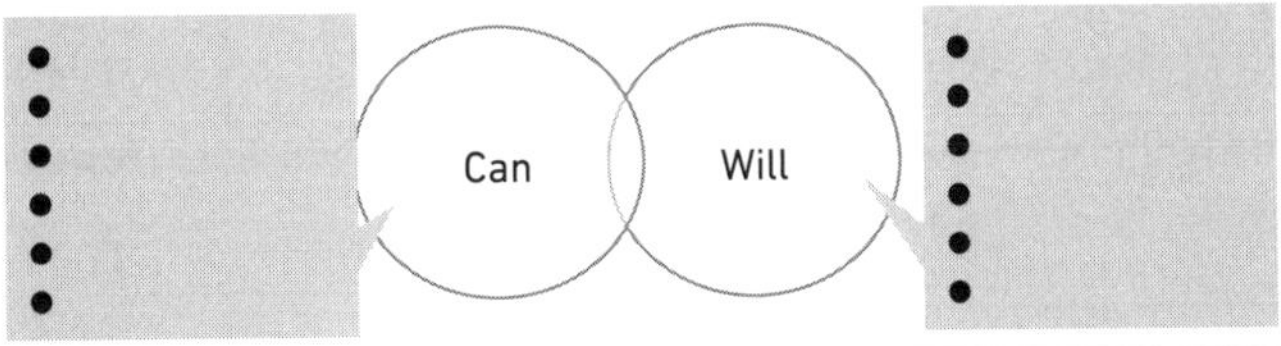

離を考える

- 破で培った Can と Will に、**Must（社会からの要請）**を接続
- Will／Can／Must シートを活用し、イメージする
- 今の Will／Can／Must シートと見比べてみる

個人内越境のまとめ

1 **過去の自分を振り返り、〝自分らしさ〟を言葉にする**

2 **価値観を言語化し、自分の〝根っこ〟を知る**

3 **資産を3つに分類し、自分の強みを理解する**

4 **自分の今とこれからを考え、自分らしさと未来感をつかむ**

5 **〝守破離〟の段階を踏み、自分の可能性を拡張する**

個人内越境で獲得できるものは、ワクワク感です。先ず自分に向き合い、自分を知る。そして、着実な〝守〟が基礎となり、〝破〟や〝離〟で新たな境地に達します。今までの自分とはいったい何か？　新たに見えてきた自分の本質は？　強みは？　現在から未来にかけての自分の可能性は？　社会からの要請はあるのか？　等が見えてきます。ワクワクの塊です。また、過去の経験を今一度思い起こし、今につなげてみることで、意外な自分を発見できます。

個人内新結合です。

個人内越境を徹底することで、新しい自分に出会えます。そこで、間髪を入れず、自身を誰かにアウトプットすることが大切です。そうすることで、「この人はこういう人だ!」というパーセプション（見られ方）ができていきます。パーソナル・ブランドともいえるでしょう。ブランドが確立してくると、自分が越境しなくても、他者がそのブランドを頼りにしてこちらに越境してきます。こうなるとしめたものです。自分と組織や社会との緩やかなつながりができていくのです。

僕は、入社してしばらくは先輩やマネージャーに言われるがまま、営業活動をしていました。疑いを全く持たず、盲目的に仕事をしていました。ある程度営業成績が上がるようになりましたが、突き抜けない。かなり「もやもや」していました。そんなときに自分を振り返りました。組織の要請（Must）を再確認し、自分ができること（Can）を列記し、真にやりたいこと（Will）を考えました。見えてきたのは人とは違う営業方法でした。呼び水を入れながら（仮説を提示しながら）顧客と課題を共有するやり方です。それを〝守破離〟で徹底し、1997・98年と連続で全社MVPをとることができました。個人内越境の成果ということができます。

Chapter 2

企業内越境

intra-company cross-border

自分の仕事の「もやもや」を突破する

企業内越境

intra-company cross-border

「自分の仕事は一体誰の役に立っているのだろう？　単調で、同じことの繰り返し。何らかの価値がある感じがしない。もやもや……」

「自分の仕事は会社のごく一部に過ぎないし、仮に自分がいなくなっても誰かが代わりになるんだろう。懸命に頑張ってきたけど、それは余人をもって代え難いものではなさそうだ。もやもや……」

「この部署でもう5年。最近はあまり変化がない。でも、会社全体を見渡すと、いろいろな組織や仕事がある。転職しなくても新しいキャリアの可能性もありそう。もやもや……」

ある程度仕事ができるようになると、こんな「もやもや」が生じてきます。皆さんは何らかの組織で仕事をしていると思います。組織は機能分化します。事業推進のために細分化された機能を担っているのです。その意味で、会社員は機械の歯車のひとつに過ぎない。歯車は同じように回り続けることに価値があります。回転する歯車は、専門性を磨くことには有効ですが、どうしても飽きがきます。そして、不安も増していきます。これが今の仕事や部署に対する「もやもや」につながります。

そんな「もやもや」は、企業内越境で晴らしましょう。自分の仕事や会社に向き合い、熟知し、他部門に興味・関心を持ち、社内の居場所を変える。そうすると、仕事の歯車感や部分の観点から脱却し、全体が見えてきます。俯瞰は、部分の仕事を適切に意味付けし、目的化します。キーワードは〝全体感〟です。

企業内越境では、先ず俯瞰して物事を捉える力が必要です。ミクロではなくマクロ視点です。考える際に、「そもそも」を接頭句としてつけると有効です。また、全体感やつながりを意識することも大切です。

企業内越境で今の仕事や部署の「もやもや」を突破します。

1 自分の会社の情報を収集し、自社の〝今〟を確認する

自分の仕事に対する「もやもや」は誰にでもあります。まず、仕事の母体となる会社についてみてみましょう。

自社に関する代表的なＰＲ（Public Relation）物を読むことは、企業内越境の手法のひとつといえます。会社のホームページはもとより、多くの会社で公開している中期経営計画や事業戦略の類は熟読するべきです。そこには、自社の〝売り〟や選択と集中の領域・テーマが間違いなく記載されているからです。上場企業であれば、有価証券報告書は提出義務がありますので、これも必読です。戦略の要諦を知ることができます。

学生向けの入社案内であれば、更にポイントを絞って自社の特徴を纏めている筈です。そ

こに登場する先輩社員は会社を代表する人なので、彼らにアクセスして、直接話をもちかけてみることもおすすめです。

企業は社会の中で存在し、関係者（ステークホルダー）とのコミュニケーションで成り立っています。株主総会や記者会見等では、直接的な対話が成されますが、関係者は多くかつ多彩です。近年は益々企業の社会的責任が問われていますが、関係者との説明責任をきちんと果たす圧力が高まっているので、ＰＲに力を入れる企業は多いです。故に、ＰＲの中に自社の事実があります。ＰＲ物を活用し、**自分の会社の強みや顧客価値の根幹は何かを熟知し、今の仕事や自部署がどうつながっているかを考えることは、ひとり企業内越境といってもいいでしょう。**

僕が入社して1年後、リクルート事件がおきました。自分が起こしてしまったことが、マスコミから発信されました。びっくりや、ガッカリもありました。以来、自社から発信されること（ＰＲ）を注視するようになりました。社会に対して、自分の会社は何をどう伝えようとしているのか？　その根底の考えは？　企業内越境としてはかなり特殊な状況でしたが、自分と会社をつなげて見られるようになりました。

2 研修に参加し、自分を高め、つながりをつくる

次は仕事から少し離れた非日常の場を想定してみましょう。例えば、研修。これも立派な越境です。研修はほとんどがクラス単位で実施されます。コロナ禍により、オンライン会議ツールでの実施も一般化していますが、そこでもブレイクアウト等でのグループ議論がごく普通に行なわれています。その場は正に企業内越境ということができます。

会社によって研修の体系や実施対象、実施形態はさまざまですが、研修の対象者を決めるかたちには、階層別、選抜型、公募の3種類があります。階層別は新人研修や管理職研修など、対象の階層の人たちが全員受けるものです。選抜型は、いわば選ばれた人が参加

するもので、次期経営者を育成する研修などがあります。

注目すべきは公募の研修です。自分が公募の対象であれば、いつ募集し、どんな研修で、何を学ぶことができて、どんな人たちが参加する（参加しそうな）研修なのかを、人事部や募集部門に詳しく聞くべきです。その際、過去に同様の研修に参加した受講者に話を聞くのもいいでしょう。特に、講師から得た刺激や学びは何か？　受講者との議論で一番驚いたことは何か？　何が研修前後で変わったか？　研修で出会った仲間との交流は続いているか？　等を聞くと、研修での越境感を感じ取ることができます。

研修は半日や1日の短時間のものもありますが、断続的に何日間かで実施され、その間に受講者同士が議論したり、何かを創りあげたりするフィールドワークがあるアクション・ラーニング型のものもおすすめです。受講者同士のつながりがより深まり、議論を通じて越境感が醸成されるからです。

僕は30代半ばで、選抜型の研修に派遣されたことがありました。3つの事業本部から派遣された同世代の12名が侃侃諤諤議論しながら、自部門の戦略を再構築する、という内容でした。部門が異なると顧客価値や収益モデル、意思決定の基準などが大きく違っていました。そのときの衝撃は今も忘れられません。

3　自分の仕事の前後を巻き込み、提供価値の根幹を知る

仕事自体を俯瞰して気づくことがあります。仕事はつながりでできているのです。

企業は組織で成り立っています。皆さんも何かしらの部署に所属していると思います。仕事はひとりでは完結しません。関係者各々の役割があります。役割が連なって顧客に対して価値を提供し、対価を獲得しています。**ここで紹介する企業内越境は、他部門の仕事への興味・関心を持つ**ということです。

まず、自部署を真ん中に据えて、バリューチェーンを考えます。自部署の前後にどんな組織や仕事があり、どのように価値が高まっているのか？　どんなコミュニケーションが執り行われているのか？　お客様は最終的に何を買ってくれているのか？

そして、自部署とバリューチェーン前後の部署とのつながりに改善の余地がないかを考えてみます。今までのやり方でいいのか？ こうつなげると更に価値が高まるのではないか？ この工程は省いた方がいいかもしれない。そんな新結合に関する議論を、前後の部署の人たちとしてみてください。自部署という境界を越境し、お客様目線で仕事の流れを見直すと、今まで気づかなかった視点や、考えもしなかったことが手に入ります。

僕は今に至るまでずっと顧客接点を担保しています。つまりは営業です。営業は「業を営む」、つまり事業の根幹です。具体的にはお客様に対してissue raising（課題設定）をして、解決策を提案し、選んでもらい、解決策を実行し、当初の価値を提供して対価を得る、というものです。今は営業して自ら納品することが多いですが、実際の価値提供者が異なることも多かったです。〝売る〟人と〝つくって納める人〟が異なっていた訳です。

もう四半世紀以上前になりますが、営業と制作の部署が一緒になり議論する機会がありました。そのときに、制作の人たちから言われた一言が強烈でした。「井上は売りっ放しだから、ホント困る……」。自分の仕事の捉え方が余りに狭く、お客様に対する提供価値の本質を考えたことがなく、ダメな自分を思い知りました。以降は自分の仕事を部分ではなくつながりで捉えるように心掛けています。

4 他部門への理解を深め、会社の重層感を味わう

自分の仕事を横に置いて、自社内の他部門や他部署に興味を持ってみましょう。

まず、他部門の同期や、以前一緒に仕事をしていて異動した先輩などを探してみてください。できれば、社内でも注目されている部門がいいと思います。そして、彼らに、普段どのような仕事をしているかを尋ねるのです。聞く内容は次のようなことです。

- 自部門と他部門の違いは何か？　特に各々の顧客と顧客に提供している価値
- 他部門の強さや注目されている理由は？
- 普段から仕事をする際に心掛けていることは？

・仕事でのモチベーションの源泉は？

他部門から聞くことができた話を俯瞰して考え、自部門に参考・導入・援用できそうなことをイメージします。そして、それらを自分の部署のキーパーソンに話してみてください。社内のいいところは真似しましょう、ということです。なるほど！　が沢山手に入るはずです。

１９８６年に入社して以来10年程度、僕は顧客の新卒採用を支援する部門で営業していました。その間、バブルとバブル崩壊がおきました。インターネット時代の到来による紙メディアの急激な衰退と、資本構成の変更という外部環境の激変も経験しています。

このうち、バブル崩壊は、顧客のニーズを根底から変えました。新卒採用をストップする企業が多発したのです。お客様が採用しないと、当然ですが採用支援の仕事はできません。そこで、虚心坦懐に顧客ニーズを訊いて、採用以外の人材マネジメント、特に人材開発（人材教育）の要望があることを掴みました。そのとき行なったのは、自社のＨＲＤ(Human Resources Development)部門への越境です。採用はストップしていましたが、所属社員の育成課題はあったのです。他部門に越境して協働し、採用業務以外の提案を強化したことが、今の自分につながっています。

5 ドラフト制度を利用し、自分のキャリアを拡張する

本格的に次のキャリアを目指したいけど、転職はハードルが高いと思っている人も多いでしょう。そんな人には社内公募がおすすめです。

働き方改革が日本企業を席巻しています。以前はごく当たり前だった転勤や、単身赴任さえなくした会社があります。人事異動も強制力が薄まりました。近年は、社内で人材を公募する制度を導入している企業が増えています。もし、このような人材ドラフト制度があれば、利用しない手はありません。企業によってその内容は異なると思いますので、制度の内容を熟知した上で、次の流れで越境することをおすすめします。

- 人材を求めている（求めていそうな）部門や組織を探す
- 同期・同世代のネットワークを最大活用し、当該部門の様子を確認する
- 自分の経歴・経験や価値観等をふりかえる（Chapter 1参照）
- 人材を求めている部門の責任者に自分を売り込み、企業内越境を実現する

この企業内越境は、社内転職といってもいいかもしれません。社内とはいえ、仕事の中身が大きく変わる場合は、ほぼ新人状態になることもあるでしょう。でもそれこそがポイントです。よく分からないことだらけが学習の基盤です。

一方、どこまでいっても同じ会社なので、共通の作法は見出せるはずです。そのときはほっとするでしょう。このドラフト制度を活用した企業内越境、チャレンジする価値はあります。

僕は2000年代の初頭、コンサルティング部門を立ち上げるという話を聞きつけ、社内人材公募制度にエントリーしました。その責任者は何名かのコンサルタントを社内で手当てしていましたが、チームに営業はいませんでした。今でも自分は営業だと自認しているように、営業には実績と自信がありました。経歴をまとめて応募し、コンサルティング部門への企業内越境に成功しました。HCソリューショングループといいます。そこでの11年間の仕事が、今の自分を形づくっています。

6 社内プロジェクトに参加して、自社に貢献し、自分を磨く

今の仕事には自負があるけど、他にも色々と経験したい人にはプロジェクトがおすすめです。全社プロジェクト、CFT（部門横断プロジェクト）等、探すとさまざまあります。プロジェクト・メンバーを公募する場合もあれば、内密に実施されるものもあります。このような社内プロジェクトに参加するのも企業内越境のひとつです。プロジェクトへの参加は以下のような流れです。

- 全社や部門で行なわれているプロジェクトを探す
- プロジェクトの背景や目的、内容やプロジェクト・メンバーに対する期待を知る

- 自分の経歴・経験や価値観等をふりかえる（Chapter 1参照）
- プロジェクト・リーダーに会って、自分を売り込み、プロジェクトに参加する

今この瞬間に、メンバーを募集している面白そうなプロジェクトが都合よくある訳ではありません。その場合は、行なわれそうなプロジェクトを探すことをおすすめします。経営者や経営企画部長、部門のトップ等の人たちが、どんなテーマや事業領域、技術や提供価値等を巡る会話をしているか注目します。**常に社内のキーパーソンに注意を向けていると、自ずと何かが動き出すきっかけがつかめると思います。それがプロジェクトになることは往々にしてあります。**

難度は飛躍的に上がりますが、自社や自部門が置かれている状況を踏まえ、キーパーソンにプロジェクト実施の提案をするのもいいでしょう。社内プロジェクトを通じた企業内越境で、自部門以外のプロジェクト・メンバーとの切磋琢磨から、新たな自分を見出して下さい。

ひとつの会社で仕事をしていると、一緒に働いている人たち―特に管理職（上司）―が出世していく様子を目の当たりにします。僕もそうでした。出世とは期待の表れであり、出世頭にはプロジェクト・リーダーが任されがちです。そんな関係性を大事にしながら、30代は多くのプロジェクトに参加して企業内越境しました。

企業内越境のまとめ

1 自分の会社の情報を収集し、自社の〝今〟を確認する
2 研修に参加し、自分を高め、つながりをつくる
3 自分の仕事の前後を巻き込み、提供価値の根幹を知る
4 他部門への理解を深め、会社の重層感を味わう
5 ドラフト制度を利用し、自分のキャリアを拡張する
6 社内プロジェクトに参加して、自社に貢献し、自分を磨く

企業内越境で獲得できるものは、新結合です。「部分から全体」をつかむことができると、つながりから新しい価値を見出すことができます。ひとつの仕事で完結している事業はほぼありません。誰かしらと何かしらのつながりがあり、つながりが価値を創出しているのです。また、新しい知識やモノの見方の転換、ネットワークなども手に入ります。

企業内越境することで、全体感を掴めると、目的を大事にするようになります。経営学で語られる逸話が思い出されます。

旅人が歩いていると、3人のレンガ積み職人と出会った。旅人は彼らに問うた。「あなたは一体何をしているのですか?」

1人目はこう言った。「見ればわかるだろ! レンガを積んでいるんだ」

2人目はこう答えた。「レンガを積んで、壁を作っているんだ」

3人目の回答はこうだった。「レンガを積んで、壁を作って、天井を張って、鐘楼を吊り下げて、教会をつくるんだ。そして、祈りをささげるんだ」

3人目のレンガ積みは部分ではなく全体を捉えています。そして、それは合目的です。世界平和を希求するレンガ積みなのです。

飛び込み営業をひたすら繰り返していた新人時代、僕は他の営業所の勉強会に参加しました。一時的な企業内越境でした。同じことの繰り返しで多分に「もやもや」していたときです。そこでは、営業の目的を議論しました。ノルマ達成、顧客の採用成功、顧客の成長、自分本位から顧客本位まで、色々な意見が出たことをよく覚えています。最後に〝世直し〟のために営業している、と話す所長がいました。三人目のレンガ積み職人そのものです。この気づきは企業内越境の結果得られたということができます。

Chapter 3

企業間越境

inter-business border crossing

今いる会社の「もやもや」を突破する

企業間越境

inter-business border crossing

「このまま今の会社に居続けていいのだろうか？　うちの会社はなんか〝古い〟感じがする。これで自分は成長するのかな？　もやもや……」

「会社はイノベーションを標榜しているけど、いまひとつ大きな変化をつくりだせていない気がする。デジタル・トランスフォーメーションとも関係するのだろうか？　少なくとも時代の波に乗れてない気がする。もやもや……」

「少し前、副業・兼業がＯＫになった。仕事も落ち着いてきたし、少し会社の外の世界を見てもいいかもしれない。でも、転職するのはハードルが高いし。もやもや……」

仕事を続けていると、所属する会社に対する「もやもや」は次第に増していきます。入社し、配属先が決まり、仕事がふられ、上司や先輩からＯＪＴで指導され、次第に習熟します。それは一人前になるプロセスであり、何年か経つと職場が安住の場になります。どんどん居心地がよくなります。タコ壺です。タコ壺は安全な場所です。コミュニケーションコストが下がった組織は、密着感・一体感・安心感があるでしょう。ただ、長く続くと「もやもや」が生まれます。タコ壺自体が、会社に対する「もやもや」の原因となるのです。

会社に対する「もやもや」は、企業間越境で晴らします。出向や企業間の協働プロジェクト、異業種研修や副業・兼業がそれにあたります。一時的でも会社を離れると、隣の芝生が青く見えてきます。それが、その後の仕事の再定義や自社の再認識につながります。キーワードは〝相対化〟です。

企業間越境は、他社に対する興味・関心がないとできません。また、自分の仕事の根本価値から目を逸らさないことが重要です。

企業間越境で、会社の「もやもや」を突破してください。

1 異業種研修で“井の中の蛙”を脱し、強みを獲得する

今の会社に不満はないけど、なんだかいろいろと「もやもや」している人は、まず本業を持ちつつ会社を少し離れる場を持つといいでしょう。異業種研修です。

最近は異業種の企業と合同で実施する研修が増えてきています。社員を越境させ、自律的な気づきを得てほしい、という企業側のニーズが高まっていることが理由のひとつです。

この異業種研修は、参加メンバーを推薦、もしくは選抜で送り出す形式が主流ですが、公募で参加者を募るものもあります。対象者をグループ企業所属の社員に広げているケースもあります。このような異業種合同研修も、越境の場・時間として有効です。多種・多様なものがありそうですが、その概要を見ていきます。

元々、次世代リーダー育成の年間を通じた研修制度を運営していた企業はありました。概ね選抜された自社内の十数名の社員の中でいくつかのチームを組成し、議論を繰り返し、経営者に対して提案を行なうものです。

近年、自社の社員だけで議論し提言することの限界を経営者たちが感じはじめています。何名かの経営者からの声は、「提案の内容が平板で面白くない」「斬新な発想や、私がびっくりするような刺激的な提案がない」「社内のメンバーで傷をなめ合っているのではないか?」といったものでした。閉じた場の限界を経営者自らが感じているようです。

そのような方々は往々にして、ご自身が他社との厳しめの交流・交換の経験を持っていました。共同事業の立ち上げや、その失敗といったものです。そのときのことが頭をよぎり、社外でもまれないと真の気づきと成長は得られないと確信しているのでしょう。次の流れを踏まえ、他企業と合同で行なわれる研修への参加を試みてください。

- まず、人事部（人材開発部）に、〝異業種研修〟（他企業と合同で行なわれる研修）があるかを聞く
- 〝異業種研修〟がある場合、その目的、募集方法、研修期間、参加メンバー（参加企業）、取り組むこと、研修での時間的負荷、研修運営主体等について確認する

・過去の研修に参加した社員がいる場合は、事前にどんな想いで参加したか？　研修期間中にどのようなことに取り組んだか？　研修で得られたこと・学んだことは何か？　それは今のキャリアにどう役立っているか？　等を尋ねる。知り合いがいない場合には人事部に紹介してもらい、必ず〝異業種研修〟経験者からそのリアリティを聞く。
・自分の経歴・経験や価値観等をふりかえる（Chapter 1参照）
・ここまできたら、エントリーしましょう。公募か推薦かでアプローチは異なります。公募の場合はこのプログラムを活かして自身が変わりたい、自社のリーダーとして更に成長したい、と熱く主張すべきです。推薦・選抜の場合には、選ばれなければ参加できません。誰の推薦が必要なのかを踏まえ、自部署の上司等の推薦の主体者に対して、意志をもった売り込みをしてみてください。参加が決まったら、他企業と合同で行なわれる研修で越境します。

この〝異業種研修〟は、日常の業務と並行して実施することになりますので、正直、時間的負荷・負担がかなりかかることを覚悟しなければなりません。とはいえ、**自社とは全く異なる業種・職種・世代の人たちと一緒に、何かしらの成果をあげるべく取り組む経験は、非常に刺激的であり多くの学びが得られる**ことは間違いないでしょう。

異業種で執り行われる研修に参加する際の注意点がひとつあります。それは、他社の受講者と向き合う姿勢です。自社内で完結する研修と異なり、他社と協働で実施する研修に参加すると、「自分は自社の代表」という気持ちが自ずと表われます。そのため、素の自分を出すのに時間がかかります。本来の自分の意見や力を出せずに、気づいたら研修が終わっていた、ということも間々あります。個人の人格と企業人としての人格のバランスを適切にとりながら、いかに早く胸襟を開くことができるかがポイントです。

2 企業間プロジェクトで、協働のダイナミズムを手に入れる

自分の会社を俯瞰的に捉えられるようになると、ものごとは1社で完結していないことが分かります。そんなときには他社や他組織・団体との協業の場面を意識してみましょう。

オープン・イノベーションという言葉を聞いたことがあるでしょうか？　経済成果をもたらす今までにない革新的なこと（イノベーション）を進めるのに、自社内の技術やノウハウ、顧客や組織が有しているものだけで実現できない場合、自社外から積極的に受け付けて、新結合を促してイノベーションを実現しようとするものです。

このオープン・イノベーションに代表される他社との協働は、見回してみると色々あります。営業協力や生産委託等の業務提携、ふたつ以上の企業や組織が同じ目的で協働して

事業を行なうコンソーシアム（共同事業体）、他社との共同研究・開発等です。これらの協働プロジェクトへの参加も、越境的な要素が非常に豊富でいい機会となります。次の流れで確認していきましょう。

- 自社がどのような企業間の協働プロジェクトをやっているかを探索する
- ↓オープン・イノベーション系のプロジェクトであればイノベーション推進室や研究開発系の部署が主管しているケースが多い
- ↓業務委託系のプロジェクトであれば、営業・販売系は営業部門が、生産委託系であれば製造部門が主導している
- ↓コンソーシアムは、経営企画や経営戦略系の組織が主に進めている
- ↓他社との協働プロジェクトは、その内容によって主導する部門・組織が異なるので、どんなテーマでプロジェクトを組成しようとしているのか確認
- 各々の取り組みの、自社側のプロジェクト・リーダーを探す
- プロジェクト・リーダーに、プロジェクトの目的、目標、実施期間、体制・組織、日々の仕事内容、評価基準等を詳しく訊く
- 自分の経歴・経験や価値観等をふりかえる（Chapter 1参照）

・面白そうであれば、プロジェクト・リーダーに自分を売り込む

社内プロジェクトとは異なり、企業間協働プロジェクトの場合はプロジェクト・メンバーになれるかどうかは自社内で完結する訳ではありません。求められる能力・資質・経験・資格等により、プロジェクトに参加できない場合もあります。それでも、自社のプロジェクト・リーダーに対して自分の想いを伝えることが大事です。

次なる企業間協働プロジェクトが組成されようとしたときに、「そういえば、以前懸命に売り込みにきたあの社員は適任かもしれない……」といったことが、プロジェクト・リーダーの脳裏によぎることもあります。この手の企業間協働プロジェクトのリーダーは、社内のエースが任されます。複数のプロジェクトを託されることも多いでしょう。そんな彼らの印象に残ることが、次なる越境の機会につながります。

2007年に、『次長課長+社長』という地上波のテレビ番組をつくったことがあります。リクルートと日本テレビ放送網との企業間協働プロジェクトでした。

テレビとネットを立体的に組み合わせ、コンテンツを共有し、メディアミックスにより大学生に会社という組織や仕事について楽しく学んでもらおうという意図でつくりました。

お笑い芸人の次長課長が、30分番組の中で企業を訪問し、さまざまな部署の社員と対話をしながら社長まで辿り着くという社内探索企業紹介番組です。月曜から木曜の深夜帯の番組枠の中で、さまざまな有名企業が、次長課長の軽妙洒脱なコミュニケーション力を借りながら、さまざまな観点から自社のアピールをしました。また放送内容を期間限定でリクナビのトップ画面上で再生することができるようにして、学生の興味関心を惹く仕掛けを埋め込みました。

この企業間プロジェクトは、企業側の認知向上というニーズを踏まえ、テレビ番組をつくってみたいという個人的動機（就職の際テレビ局も検討していました）もあって、私自身がプロジェクトリーダーとしてクライアント開拓を推進しました。リーマンショック前だったこともあり、経済環境は悪くはなかったのですが、大成功までいえる結果ではなかったと記憶しています。

しかし、非常に学びのあるプロジェクトでした。目的が共有されれば、2社共に徹底して経営資源を投下して、〝いいもの〟をつくろうと動きます。ただ、手段は異なります。テレビ番組とネットでは、コンテンツの作り方、見せ方、評価の仕方、他メディアへの接続等が全て異なります。この違いの認識の経験は、自分の中で大きな収穫でした。企業間協働プロジェクトは得るものが大きいと思います。

3 出向制度を使い、自社とは異なる居場所で、相対化を体現する

仕事が一人前にできるようになって、会社を全体としてとらえられるようになったら、少し離れてみるといいかもしれません。そこで注目するのが出向です。

出向とは、労働者が所属する企業（出向元）と何らかの関係を保ちながら、新たな働き先の企業（出向先）との間の新たな雇用契約関係に基づき、一定期間継続的に勤務する形態です。所属が今の企業のままの在籍型出向と、新たな企業と雇用契約を結ぶ移籍型出向の2種類があります。移籍型出向は転職に近い形態といえそうです。また、1年～数年くらいで出向期間が決められている場合が多く、出向から戻ると別の人が派遣されるケースが多いようです。

比較的馴染みがある出向ですが、これも越境と捉えることができます。以下の流れで越境としての出向ができるかを確認していきます。

- 自分の会社が出向（制度）を実施しているかを人事部に確認
- 実施している場合には、募集形態、出向の目的・期間、出向先の仕事の内容、立場や権限、待遇や報酬等について詳細にヒアリング
- （実施していない場合は、その理由を確認する）
- 過去、同じ組織に出向していた社員がいれば、関係者や職場の様子は詳しく聞く。特にものごとを決める際の基準や考え方、仕事を行なう上でのルール・作法については、エピソードを含め共有してもらう
- 自社や自部署での今までの仕事との違いをイメージする
- 自分の経歴・経験や価値観等をふりかえる（Chapter 1参照）
- 出向先での仕事が明らかに今までと異なれば、先ずエントリーしてみる
- 出向して、企業間越境を体験する

出向制度を活用した越境のポイントは、会社側の目的にあります。人材育成や企業間での交流促進が目的の場合は、応募してみるといいでしょう。

ただ、雇用調整弁として機能させている場合もあります。また、雇用契約書や就業規則に出向命令権について明記されていて、社員が同意している場合は、その規則に従わなければいけません。人事部に確認する際に、このあたりも詳しく聞くといいでしょう。


僕はリクルートの在籍が長いですが、その間出向をしたことはありません。ただ、出向者を受け入れたことはあります。霞が関の中央官庁の官僚や自衛隊幹部候補生、事業で協業する民間企業の方々などです。

自衛隊の方と一緒に仕事をしたことが印象的でした。

「お客様の状況とニーズを踏まえ、皆で新たな企画をつくっていきましょう」

「はい。それは命令ですか？」

「いえ、命令ではありません」

「分かりました。では、自分としてはどう対処していいか分かりません。今までは指揮命令系統がはっきりした組織で仕事をしておりましたので」

「皆で共創しながらやっていきましょう」

「共創？？？」

といったやりとりがありました。

これは極端な例かと思いますが、会社や組織が変わるとこのようなことは頻出します。ここでの僕の気づきは、責任の所在、ということです。シェアード・リーダーシップを発揮する自律型の組織は変化対応には強いですが、指揮命令系統が明確でなく責任の所在も曖昧です。自衛官の発言を最初はびっくりして聞きましたが、俯瞰して捉えると、なるほど、と思えました。責任は誰にあるのか？　大事なことだと思います。

出向して、今までの組織とは全く異なる場所に身を置くことは、変化を如実に感じやすく、新結合が得られる場合が多いと思います。企業間越境としての出向、トライする価値はあると思います。

4 副業・兼業で、仕事と〝好き〟をつなげる

仕事ができるようになって、余力もでてきた。自分でやりたいこともある。そんな人には副業・兼業がおすすめです。

最近よく耳にする副業や兼業。副業と兼業に法律的に明確な違いはなく、〝本業以外にも仕事を持っている状態〟を指します。2018年1月、厚生労働省が「モデル就業規則」を改定し、これまでの「許可なく他の会社等の業務に従事しないこと」という規定は廃止されました。そして、「労働者は、勤務時間外において、他の会社等の業務に従事することができる」ことになりました。労働者の自由として、副業・兼業が明文化されたことで、大きな注目が集まっています。政府・経済産業省や経済団体等でも議論が盛んになり、副業・

兼業を認める企業は増加傾向にあります。

副業・兼業も越境として捉えることができます。ただし、雇用契約を結んでいる自分の会社以外で仕事を持つことには注意が必要です。次の流れで確認していきましょう。

- まず、副業・兼業が自社で認められているか確認する。多くの企業が副業・兼業を解禁しているようですが、さまざまな観点から認めていないところもあります。特に自社と競業する企業や組織での副業は認められないケースがほとんどです。副業先の企業・業務内容・雇用形態・就業時間・勤務日数等での制約がありますので、どのような副業・兼業ができそうかを確かめることが大切です。また、労働基準法で明確に、「労働時間に関しては、事業場を異にする場合においても労働時間に関する規定の適用については通算する」とありますので、副業・兼業先と自社での労働時間を合算することが求められます。このあたりは人事部が詳しいので、相談することが必須です。
- 自社での副業・兼業の先例を聞く。実際に仕事を持ちながら副業・兼業することの面白さはもちろんですが、時間的・精神的・身体的な大変さもあろうかと思います。分からないことは先達に聞きながら、副業・兼業の越境としてのメリットを確認します。

・自社で認められていたら、副業・兼業先を探す。企業、NPO・NGO等の組織・団体等が考えられます。多くの求人サイトでは、副業・兼業可の案件を取り扱っています。一部を確認するだけでも、業種・職種・勤務時間や条件等が多彩であることが分かります。それらを比較検討する際に、自社の仕事との距離感を考慮してみてください。

・自分の経歴・経験や価値観等をふりかえる（Chapter 1参照）

・副業・兼業先にアクセスして、面談（面接）を行なう。このプロセスは転職をすることと変わりません。唯一異なることがあるとするなら、副業・兼業として働くか否か、ということでしょう。なぜ副業・兼業として働きたいかの理由を、相手先に対してきちんと説明することが大事です。また、副業・兼業の期間や辞める際の条件等についても確認しておくことが必要です。辞めるに辞められない状況になってしまうことだけは避けなければなりません。

・副業・兼業先との合意が得られれば、越境してみます。

副業・兼業は、自分の仕事を持ちながら行なうことになります。110ページで説明した他企業と合同で行なわれる研修よりも更に大変かもしれません。ただし、〝異業種研修〟

とは異なり、副業・兼業は明確な経済的成果が求められることが多い。覚悟は必要ですが、コミットすると刺激的な越境経験を積むことができると思います。

副業・兼業では、基本的に本業の仕事とは違うことをやることになります。そうなると、本業とは異なる考え方や行動を迫られることになります。本業と兼業、両方とも真剣にやっていると、個人に2つの人格が生じてきそうです。違うもの同士をつなげる新結合が、ひとりの人間の頭脳で起きる。本業と兼業との距離が離れていればいるほど、事業や仕事の内容が異なれば異なるほど、思いもよらぬ創造が生まれる可能性もあります。

また、自社の強みや自分の仕事の提供価値の根幹を踏まえ、副業・兼業先のさまざまなコトと比較することで、恐らく自社や自分の仕事の再認識や再定義ができると思います。相対化です。そして、自分の会社も捨てたものではないなぁ、と感じることもあるでしょう。

5 副業で起業し、経営の生々しさを手に入れる

副業や兼業で雇われて仕事をするうちに、自分でやってみよう、という気持ちがもたげてくる場合があります。そんなときには副業で起業してみましょう。

他社・他団体で副業・兼業するのとは別に、副業で起業するという選択肢があります。起業というと株式会社や合同会社を設立するというイメージがありますが、フリーランサーと称される個人事業主も起業者です。起業とは、自ら新しく事業を起こすことです。代表者である自分に責任があり、自らが経営者になるのです。

副業として自分で事業をやることや、株式会社を設立することは、その事業全般を考えて行動するという観点で、雇われて行なう仕事とは根本的に異なります。ビジネス・パー

ソンとしての仕事は、代表権を持つ経営者でもない限り、機能分化された全体の一部分です。

いっぽう、**起業は全体を考える必要があります。顧客は誰で、事業（製品・サービス）は何で、どのような価値を顧客に提供し、他社とどのような差別化を図り、どのように収益を上げるのかについて、常に考えて行動しなければなりません。**

ここでいう事業とは、「顧客に対して価値を提供することで、継続的に対価を得る活動」と定義できます。継続的に活動を続けなければならないのです。結構大変そうに聞こえるかもしれません。ただ、起業することで得られることは沢山あります。少し挙げてみましょう。

- 起業して事業活動全体を考えることで、今の仕事の部分としての意味や価値を改めて認識することができた
- どんな顧客に事業を展開することが必要かを思い知った。顧客を明確に区分分け（セグメンテーション）しないとぼんやりとしたものになってしまう
- 起業して磨いた顧客価値を、自分の仕事に当てはめて考えられるようになった
- 顧客価値を言語化できるようになった

- 真の差別化や独創性の確立を、工夫することで実現できた
- 起業して儲けることがいかに難しいかが分かった。収益システムを確立するために徹底して改善しないといけない
- 起業して始めた事業で、初めて顧客に対価を支払ってもらったときの感動が忘れられない
- 今までは数字に弱かったが、P／L（損益計算書）、B／S（貸借対照表）を肌感覚で理解できるようになった

こんな感じでしょうか。全体を捉えることで、部分の意味や凄みを改めて知ることができるのが、副業・兼業としての起業の強みということができます。

なお、越境としての起業の詳細については、Chapter 7に労使間越境として詳細を記しましたので、そちらも参照してみてください。

僕の周りにはビジネス・パーソンをしながら副業・兼業をしている人が多数います。NPO・NGOを立上げさまざまな社会課題に立ち向かっている人、京都や長野などの観光地で古民家をリノベーションしてゲストハウスをつくりインバウンドビジネスをしてい

る人、副業の延長で福祉法人を買収して介護施設を経営している人、ペットのレンタル事業を始めた人……。枚挙にいとまがありません。

その人たちの特徴は「自分の好き」を貫いていることです。起業自体は自分の意志で行なっているので、当然「嫌いなこと」はしないでしょう。

好きなことをしているときに人間は一番力がでます。本当に自分が好きなことは何か？をつかむことは簡単ではない気がしますが、ちょっとでも好きだと思ったらやってみるといいかもしれません。副業で起業し越境すると、経営の解像度が高まってくると思います。好きなことのOSの上に、派生して見つかったさまざまなアプリケーションが乗ってくる感じでしょうか。

彼らと話していると、とにかく楽しそう。苦労すらも楽しんでいる気がします。まさに夢中という感じです。そして、全員真っすぐです。僕自身があまり興味・関心がない領域の事業であっても、彼らの話に思わず引き込まれてしまいます。副業・兼業による起業で越境した人たちが身近にいれば、ぜひ話を聞いてみてください。

企業間越境のまとめ

1 異業種研修で〝井の中の蛙〟を脱し、強みを獲得する
2 企業間プロジェクトで、協働のダイナミズムを手に入れる
3 出向制度を使い、自社とは異なる居場所で、相対化を体現する
4 副業・兼業で、仕事と〝好き〟をつなげる
5 副業で起業し、経営の生々しさを手に入れる

企業間越境で獲得できることは、新しい知識、モノの見方の転換、新結合、ネットワーク、対人対応スキル、ワクワク感、と多岐にわたります。なぜ企業間越境でさまざまなことが獲得できるのか？　そのポイントは相対化にあります。企業間越境で比較するオブジェクトを得て、メタ認知（自分の考えを客観的にとらえること）で視座を高めて相対化し、自分の仕事や会社を、いわば〝相対化返し〟で振り返ります。そのプロセスで今までにない知識

やモノの見方を得ることができます。新しい価値創造の苗床になったり、人とのつながりを生むのです。社外の人との協働は対人対応スキルを育み、時には厳しさも感じますが、ワクワク感も得られます。

企業間越境をすると、隣の芝生が青く見えます。前述した相対化と〝相対化返し〟のプロセスでは、内省・省察・概念化が行われます。その延長線上で、自分自身の強みの再認識や再定義をすると、次なるキャリアが見えてきます。一時は隣の芝生が青く見えたとしても、相対化を繰り返すことで自己や自社に対する肯定感が増してくるはずです。企業間越境前と後では、鏡に映る自身の目の輝きが違っていると思います。

僕は企業間越境をほぼ毎日しています。営業活動は企業間越境とも言えるからです。まずアポを取り、訪問して、課題を共有し、解決策を考え、提案し、受諾してもらったら納品し、振り返り、対価をいただくという流れです。

提供価値や競争優位性、意志決定の基準やさまざまな作法、言語は顧客毎に異なります。同じものはありません。自社から顧客に越境し、顧客内でコミュニケーションすると、モノの見方の転換やネットワークなどを必ず得ることができます。営業による企業間越境は、自分の原点であり、いまだにとても魅力的です。

Chapter 4

職種間越境

inter-professional
border crossing

今の職種に関する「もやもや」を突破する

職種間越境

inter-professional border crossing

「このままこの職種でキャリアを積んでいいのだろうか？　半分の職種が10年後にはなくなる？　もやもや……」

「自分の仕事を職種として捉えたとき、汎用性があるか不安。世の中には沢山の職種があるけれど、自分がやっているのはひとつだけ。もやもや……」

「今の職種で専門性を磨ける感じがしない。そもそも職種と言えるかどうかも不安。大丈夫かな？　もやもや……」

英オックスフォード大学のマイケル・A・オズボーン准教授は、『雇用の未来―コンピューター化によって仕事は失われるのか』という論文で、人間が行なう仕事の約半数が機械に奪われる、と予測しています。2014年の段階での702の職種について、コンピューターに取って代わられる確率を仔細に試算し、これから「消える職種」「なくなる仕事」を示しました。銀行の融資担当者、歯科技工士、医師、弁護士や教師に至るまで、職種としては厳しい将来が待っていると予測しています。今のままでいいのかという「もやもや」が生まれてきます。

こんな「もやもや」は、職種間越境で晴らすことができます。今とは異なる職種へ越境し、異なる職種とのかけ算で新しい価値を生みだすのです。専門性と専門性のかけ合わせは、自身が希少な人材になるチャンスです。誰にでもできる仕事から、〝その人ならではの仕事〟に進化することができます。キーワードは〝垂直と水平〟です。

職種間越境でまず必要なのは、今の職種に対する自信です。個人内越境で記しましたが、〝守破離〟の守が職種に対する自負を生みます。垂直的に深めつつ、違う職種に興味・関心をもち、水平に跳ぶことが求められます。

職種間越境で、今の仕事の「もやもや」を突破してみてください。

1 今とは異なる職種に挑戦し、〝かけ算〟で未来を創出する

自分の職種に改めて注目してみます。営業・研究・開発・総務・経理・財務・広報・生産……何かしらの職種で仕事をしていると思います。自分の職種を巡って「もやもや」している人には、職種間越境をイメージしてみることをおすすめします。

職種間越境とは、今とは全く異なる職種の仕事に就く、というものです。前章の企業間越境でも、職種が変わることは間々あるかと思います。特に、副業・兼業を活用した起業は、労働者から使用人（経営者）という職種転換の最たるものかもしれません。

職種転換といえば、定期的に行なわれる人事異動で営業から経理に移ったり、研究開発からマーケティングの仕事に変わったりすることは意外とありそうです。人事異動はなか

なかコントロールできませんが、社内での職種転換を意識的に進めることはできそうです。

- まず、自社では職種をどう定義しているかを知ることから始めます。業種によって、どのような職種の人がどのような仕事をしているかを、大まかにイメージすることができると思います。ちなみに業種は、総務省統計局から日本標準産業分類としての業種一覧表が出されています。
- 職種は、職業分類のひとつの方法で、「職務内容」や「必要とされる知識・スキル」が類似している仕事をグループ化したものです。業種は企業が主体者で、職種は労働者が主体者ということができます。求人ウェブサイトには、職種の分類が記載されています。各社によって定義や内容はさまざまですが、概ね営業、事務・管理、企画・マーケティング、経営管理、サービス、販売、研究・開発、クリエイティブといった分類をしているようです。自社の業種を踏まえ、社内にある職種を想起してみてください。
- 次に、自分とは異なる職種の同僚や先輩に話を聞くことをおすすめします。その職種の顧客は誰で、どんな価値を提供していて、どうやって収益を獲得し、どのように自分なりの独創性をつくっているのか、ということを確認します。同じ会社なのに、普段の仕事は職種によってずいぶんと異なることが分かるはずです。また、求められるスキルや一人前になるのに必要な期間も確かめるといいでしょう。

- 希望職種がイメージできたら、その職種の需給状況を確認します。事業推進するうえで、希望している職種が求められかつ不足しているのであれば、需要があるので社内職種間越境が成立する可能性があります。そこで、希望職種の仕事を司るキーパーソンと話をすることをおすすめします。伝えるべきは自分の意志です。新しい職種での経験は基本的にありませんので、やる気がものをいいます。その際、今までの職種での自分のスキルの磨き方や成長のエピソード及び、新しい職種での貢献意欲を話すといいでしょう。聞き手は、「なるほど。この人はこうして道を切り拓いてきたのか」「このエネルギーは我々に必要だ」「自分の部門の活性化にもつながりそう」などと思うでしょう。

- 人事異動のメカニズムは企業によって異なります。事業計画を踏まえ人事部が差配することが多いですが、なかには事業部門のトップ同士の了解で成立する場合や、意図的・定期的にさまざまな職種を経験させることを行なっている企業もあります。１００ページのように本人の希望を重視するドラフト制度的な仕組みも増えているようです。大切なのは自分の意志を社内のキーパーソンに伝え続けることです。記憶や印象に残すことは、組織・集団で仕事をしている限り常に必要なことです。このような意識的な人事異動の試みは、必ず功を奏するとはいえませんが、参考にしてみてください。

- 自己申告制度がある場合は、「今の職種×次の職種」のかけ合わせで実現できそうなことをイメージして、申告の中心に据えるといいと思います。

今の職種を更に掘り下げることによる組織貢献もあります。ただ、他の職種とかけ合わせると思わぬ成長が得られることもあります。次頁以降で、職種間越境の組み合わせの妙をイメージしてみます。職種と職種の掛け合わせで、新しい仕事の価値を創りだすことができます。いわば、職種と職種の新結合です。

2 営業×企画の2職種で、事業開発ができるようになる

営業は、顧客接点を担保して顧客価値を獲得する職種です。**顧客とコミュニケーションし、課題を共有し、解決策としての製品・サービスを提供して、顧客満足を最大化し、対価をもらい、自社の収益に貢献する**仕事といえます。

では、企画とは何でしょうか？　普段なんとなく使っている言葉ですが、本来の意味は「ものごとを行なうために計画を立てること」といったものです。企画には、ゼロから何か新しいコトを生み出すイメージがあると思いますが、それはアイデアであり、企画は何かの実現のためにその道筋を考えるという状況でも使います。

営業経験を基にして、企画職に越境するとどうなるかイメージしてみましょう。

営業は、担当の顧客がいて、提供する製品・サービスが限定されていると思います。個別最適といえます。

いっぽう**企画は、部分・全体最適をつくる仕事**ともいえます。営業でつかんだ個々の顧客の課題の手触り感は、企画で非常に役立つ。ただし、そのままでは企画に活かしにくい。営業時につかんだ顧客接点でのミクロの事象・課題を、企画の仕事ではマクロの概念に昇華させる必要があります。全体像をつかむのです。そうすることで、「営業×企画＝事業開発」という職種間越境での価値が高まると思われます。

ちなみに、ゼロから何か新しいことを生み出す場合は新規事業開発といった職種になり、今までの事業を改善等の観点で企画するのは既存事業開発ということになります。

僕は入社以来40年余り、ほぼ顧客接点で製品・サービスを提供してきました。今でも自分は営業をやっていると思っています。ただ、時代に応じて製品・サービスが変わってきました。求人広告の営業から、研修、人材マネジメントのコンサルティング、イノベーションのおこし方の提供といった具合です。顧客が求めるものが製品・サービスにない場合は、顧客と共創してきました。

図4-1　issue raisingのマトリクス

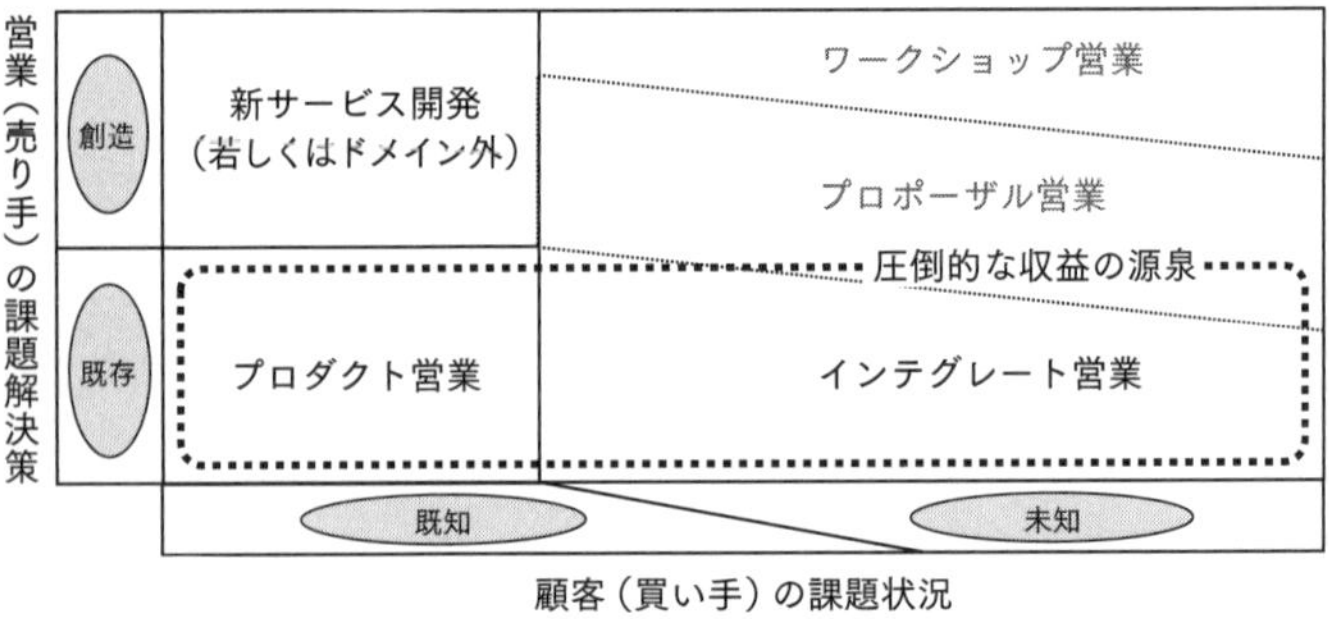

上記マトリクスで、顧客が知らないニーズと自社が有していないソリューション領域に注目して、issue raising（課題の共有）しながら顧客ニーズの創造とその解決策の開発を、営業という職種の中で行なってきました。

企業は、組織の中からイノベーションを創出することが苦手です。その領域でリサーチ・クエスチョンを立て、イノベーションをおこすプロジェクトを研修のかたちに仕立てたのがi-session®です。いわばイノベーション研修です。i-session®の詳細は拙著『リクルート流イノベーション研修全技法』（ディスカヴァー・トゥエンティワン）に譲るとして、研修でイノベーションをおこす方法を開発し、納品していったプロセスは越境といえます。バリューチェーンがつながっているからこそできた自律的な職種間越境です。自分は企画の職種に意識的に越境した訳ではありませんが、結果として営業をしながら事業開発をしてきたのだと思います。

このように目に見えるかたちでの職種の越境をしなくても、今の仕事の範囲内で少しだけ自発的に越境することで、新しい価値を創りだすことができます。

3 研究開発×マーケティングの2職種で、イノベーターになる

研究開発の仕事に就いている人も多いと思います。工学系等の学部や大学院を卒業して、自身の研究内容を会社に参加して更に掘り下げている方もいるでしょう。**テーマを掘り下げ、真理を追究し、技術を磨き、製品・サービスに反映していく仕事**といえます。絶対的な法則や公式に依存するという意味では、研究開発の仕事は自然科学の領域ということができます。

自然科学は、シーズとの親和性が高いです。シーズとは元々は「種」の意味ですが、ビジネスの世界では企業がもつ技術・特許・ノウハウ・アイデア・人材・設備などを指します。自社の技術やノウハウ、開発した新素材等を元に商品開発することを「シーズ志向」、「シーズ発想」などといいます。シーズ自体が他者が真似できないものだと、開発された製品・サー

ビスの価値が独創的なものになります。ただ、シーズに依存しすぎると独善的になり、「こんな製品・サービス、一体誰が使うの？」ということになるおそれがあるので注意が必要です。

そこで必要なのがマーケティングの観点です。**マーケティングとは〝顧客を創造する〟ことです。**営業のように顧客接点で課題を共有し、解決策を提供し、対価を得る活動もマーケティングであり、今までにない商品・サービスで全く新しい市場を創るということもまたマーケティングといえます。こうすれば必ず売れるという絶対的法則や定理は存在せず、常に社会との関りで考えなければならないという意味で、マーケティングの仕事は社会科学の領域でしょう。

社会科学は、社会の諸現象を司る法則を解明しようとする経験科学の総称で、人の営みを扱うがゆえにニーズを無視することはできません。ニーズとは人の欲望・欲求・要求・必要であり、〝欲しい何か〟ということができます。ニーズを重視することはもちろん大切ですが、強調するあまり、差別化されないありふれた製品・サービスになってしまうこともしばしばです。

さて、ここからが職種間越境です。研究開発者がマーケティング領域に職種転換することとは、大袈裟にいうと自然科学×社会科学をひとりで行なうというものです。これは強そうです。このかけ合わせで、自社のシーズを勘案しながら、顧客のニーズや「不」も踏まえた新しい製品・サービスが生まれます。「不」とは不便・不満・不安・不足・不利・不合理・不具合等の事象。誰かのお困りごとのことです。研究開発からマーケティングへの職種越境から得られることや新たな価値創出の可能性は非常に大きいと思います。

前述した研修からイノベーションをおこす研修であるi-session®では、さまざまな革新が生まれています。今までに多くの企業の受講者が個人やチームで新規事業を検討し、経営者に提案しました。その起点は上述した「不」です。「不」を探索・深耕・構造化して、社会課題の本質を掘り下げていきます。このアプローチはニーズ基点です。

i-session®の実施企業は多種多様ですが、メーカーの研究開発の方も大勢参加しています。彼らの視点は自分や自社が持っている技術であることが多く、「この技術を使って何ができるか？」という発想をしがちです。それはシーズ基点です。

そこで、「先ず見つめるのは社会の『不』です」、と視点を変えるように話します。誰が何に困っているのか？　を徹底して深掘って、「不」の本質をつかみ、解決策の独創性をビジネスモデルも踏まえて追及し、最後に技術を加味して新規事業案を完成させます。i-session®で行なわれているのは職種間越境ということができます。

4 製造×管理の2職種で、生産管理を極める

製造と管理の職種間越境を考えてみます。まず、製造部門での仕事をイメージしてみます。製造では最終製品若しくはそれを構成する一部分・部品を作っていることが多いのではないでしょうか？　その際重視される概念は、品質と効率です。

品質はものづくりの生命線です。製造の仕事に携わっている人は、皆さん、品質に強いこだわりを持っています。**高い品質が、製品の価値を大きく左右する**ことを知っているからです。また、さまざまな事情でリコールがおきると、非常に大きな金銭的、時間的、イメージ的コストを支払わなければなりません。品質は生命線です。

いっぽう、効率も大切な観点です。品質も重要ですが、そのために無軌道にコストをか

ける訳にはいかない。予算があり、納期があり、使える資源は限られているのです。このように、品質と効率という一見矛盾する二項対立に、日々取り組んでいるのが製造の仕事だといえます。

製造の職種の越境先として、管理は相性がよいでしょう。**管理とは、組織が目標を達成するために計画を策定し、活動をモニタリング・評価して、改善のために行なうさまざまなプロセス・手法を指します。**管理するものは、ヒト・モノ・カネの3つです。管理はマネジメントともいわれ、組織単位で行われることが一般的です。

製造の仕事を経て、管理に職種間越境すると何が起きるか？　製造は現場のリアリティを日々感じる仕事です。ものづくりの品質を軸にした本質は、実際に経験しないと腹落ちしないと思われます。それは、越境後の管理での活動に、必ず役に立つはずです。

この製造×管理の新結合は、生産管理の仕事につながります。生産管理の目的は、ＱＣＤです。「品質の良いモノ（Quality）」を「できるだけ安く（Cost）」「都合のよいタイミング（Delivery）」で顧客に届けることを徹底することです。ＱＣＤは顧客満足度、ひいては売上げ・利益につながる大事な要素といえます。製造工程の担保という仕事を経て、ヒト・モノ・カネの管理をすることで、計画→受注→材料調達→製造→出荷・納品、という一連の流れを巨視的に捉えることができるようになるのです。製造部門の仕事を経て、管理（マネジメント）の職種に越境することで、今までにない世界が拓けるでしょう。

あるB to Bメーカーでは、品質にこだわった素材を製造していました。今まではその素材を取引先の企業に〝素材として〟納品していました。一次製品ではありますが、次のプロセスで素材にどんな加工が行なわれるのかは納品するメーカーも当然のことながら知っています。そこで、次の工程での加工を、手前の工程を担保している自社で行なうことを考えたのです。素材の強みや特徴、癖はどこよりもよく分かっています。加工のポイントを納入先の企業との提携により詳細に共有し、一次製品から二次製品を提供することで付加価値を高めることに成功したのです。

製造×管理→新価値創造を成し得た事例ということができます。ビジネスモデルでは、バンドリングと説明されているものです。バンドリングとは、付け加えることで今までにない価値を創出するというものです。逆の概念にアンバンドリングがあります。ビジネス上で成り立っている余計なことを削ぎ落して価値を高めるものです。

職種間越境では、バンドリングとアンバンドリング、両方が見いだせる可能性が高いです。それは、越境してみないと分からない世界です。職種間越境、挑戦しがいがあると思います。

職種間越境のまとめ

職種間越境とは、今とは異なる職種に越境し、〝かけ算〟で未来を創出することです。

1 今とは異なる職種に挑戦し、〝かけ算〟で未来を創出する
2 営業×企画の2職種で、事業開発ができるようになる
3 研究開発×マーケティングの2職種で、イノベーターになる
4 製造×管理の2職種で、生産管理を極める

右記以外にも職種間越境は色々なかけ合わせがありそうです。

- マーケティング×AIエンジニア↓データ・サイエンティスト
- 営業×コンサルタント↓パートナー（共同経営者）

・経営管理×デザイナー↓デザイン経営者

職種間越境で獲得できることは、新しい知識、モノの見方の転換、ワクワク感などがあります。職種が違うと学べる知識は異なりますし、職種独自のモノの見方があります。職種のかけ算による自分の可能性にワクワクすることでしょう。そして、特に大事なのが新結合です。異なる職種を組み合わせることで、ひとつの職種だけでは実現できない新しい価値を創ることができます。

職種間越境をすることで、新しい自分と出会えます。そのためには条件があります。職種に対する深掘りです。今の職種で100人にひとりの実力・実績を身につけます。次の職種でも100人にひとりの専門性を確立できたら、1万人にひとりの存在になれます。ダブルメジャーです。機械でもできる職種は多々あるものの、組み合わせで実現する複雑性や希少性を考慮すると、ユニークな立ち位置を獲得できます。さらにもうひとつの職種をかけ合わせることができれば、トリプルメジャーになります。100万人にひとりの存在ならば、オリンピック選手級といってもいい。職種間越境は、職種のかけ合わせによる希少な自分の確立につながるのです。

僕は自分の職種の根幹に営業を置いています。かけ合わせる職種として事業開発が挙げられます。更にコンサルタントとしても仕事をしています。3つの職種で仕事をしているので、社内外で独創的な立ち位置を確立していると思います。ただ、全ての基本は営業です。営業は「業を営む」仕事です。正に事業を推進しているつもりでやっています。営業を軸に職種間越境をして、今の自分を確立しつつあるということができます。

Chapter 5

業種間越境

所属する業種・業界の「もやもや」を突破する

inter-industry border crossing

業種間越境

inter-industry border crossing

「今の業種・業界でずっと仕事をしてきたけど、最近注目度が下がってきている気がする。このまま頑張っても、キャリアをつくれないかもしれない。ややもや……」「先輩で、全く違う業種を渡り歩いている人がいる。仕事をするのに業種・業界って関係あるのかな？　もやもや……」「そもそも業種って何だっけ？　アマゾンは何業種？　今の会社が所属する業種が未来永劫ある気がしない。業種自体がなくなることもありそう。もやもや……」

同じ業種・業界で仕事をしていると、こんな「もやもや」にぶつかります。仕事を選ぶとき、業種はひとつの切り口になります。どうしてもマスコミにいきたいとか、総合商社で世界を股にかけた仕事がしたいとか、製造業でかつ半導体製造がこれから更に脚光を浴びる業界なので目指したい、といった具合です。いっぽうで業種には栄枯盛衰があります。過去、一世を風靡した業種が今は業際化の波に飲み込まれて青息吐息のケースもあります。自社が所属する業種は、巨視的にみたときに上りのエスカレーターに乗っているのか？　それとも下りの状態なのか？　こんな業種をめぐる「もやもや」があります。

所属する業種・業界の「もやもや」は、業種間越境で晴らします。業種の壁を越え、各々を冷徹に比較・相対化し、現業種の常識は他業種の非常識でもあることに気づきます。違いの認識は新しい価値を生みます。キーワードは「7つのS」です。

業種間越境では、先ず今所属している業種の社会全体での位置づけや構造、強みを理解することが必要です。そして、越境先の遠い業種に対する興味・関心が求められます。

業種間越境で、所属する業種・業界の「もやもや」を突破してみて下さい。

1　7Sを用いた業種分析で、業種の違いを認識する

ひとつの業種でずっと仕事をしていると、他の業種の話を聞いて隣の芝生が青く見えることがあります。高校や大学の同窓などと話して、「うちの業界とは違うなぁ。うらやましい……」と感じたことはないでしょうか。この章では業種を軸にキャリアを考えてみましょう。

業種とは何でしょうか？　業種とは、事業の種類のことで、企業が携わっている分野です。総務省統計局が定めている日本標準産業分類の「産業」に準拠し、証券コード協議会が分類した10の大分類、33の中分類が一般的です。自社が所属している業種から、違う業種に越境すると何がおきそうかをイメージしてみます。なお、違う業種への越境は、自社

に所属したまま時限的にできる出向などや、転職して籍を移す越境があります。ここでは主に、転職した場合を考えてみます。

業種が異なると何が違うのでしょうか？ ここでは**企業分析のフレームとしてマッキンゼー・アンド・カンパニーが提唱した「7つのS」**を参照してみます。なお、昨今の〝パーパス〟経営の流れを踏まえ、7Sの名付け親であるアンソニー・エイソス氏などが7Sモデルを紹介した著書、『ジャパニーズ・マネジメント』に記載されているものとは順番を変えて説明しています。

□Shared Value…経営理念、ビジョン（目指す姿・実現したい社会）、ミッション（社会から付託された使命）などの、社員が共通認識を持つ（べき）会社の価値観

□Strategy…経営戦略。競争優位を維持・拡大するための事業の方向性。目標達成のために立てられる人的・財務的経営資源の配分を目的とした計画や行動方針

□Skill…組織が有している能力。研究・技術・開発力、製造能力、営業・マーケティング力等

□Structure…組織の構造。集権化か権限委譲しているか、階層的かフラットな組織かといった組織形態や、役職ごとの職務権限・指揮命令系統なども含む

□System…人事評価や報酬体系、情報システム、目標・業績管理指標、会計制度など組織が有する仕組み。業務を遂行するためのフォーマル／インフォーマルな手順

□Staffing…組織に属する社員や経営者の能力やモチベーション。人材の能力を向上させる企業の取組みなども含む

□Style…社風や組織文化。企業ならではの象徴的な行動や、意志決定の基準、管理職のマネジメントの方針なども含む

業種を越境したふたつの会社・組織を考えてみると、この7Sがことごとく違っていることが分かるはずです。ここでは違いを鮮明にするために、公務（中央官庁）とメーカーをイメージした民間企業とで大まかに比較してみます。

図5-1 7つのS

7S	公務（中央官庁）	民間企業
Shared Value （経営理念など）	●国民全体に奉仕する ●国民の生活を豊かにする	●新しい価値の創出 ●社会への貢献　など
Strategy （経営戦略）	●計画的 ●全体的 ●政策立案 ●予算執行	●計画的／創発的 ●全社的 ●経営戦略立案 ●収益確保
Skill （組織能力）	●政策立案能力 ●業務遂行・仕組み化力	●研究・開発力 ●マーケティング力
Structure （組織構造）	●中央集権的 ●官僚機構・階層構造	●集権か分権かはさまざま ●階層構造が多い
System （諸制度）	●年功序列的 ●評価基準は緩やか	●ジョブ型とメンバーシップ型が混在 ●目標管理が厳格
Staffing （人材能力）	●一定の試験をパスした人 ●天下国家を支える動機	●総合職と専門職で異なる ●仕事の動機はさまざま
Style （組織文化）	●前例踏襲 ●正解主義	●安心・安全・確実・着実 ●管理的

2　7Sによる思考実験を深め、自社への援用・適用を考える

前頁で例示した公務と民間企業の違いのように、業種が異なるとさまざまなことが変わります。これほどの違いではありませんが、例えば製造業とサービス業とか、製造業という業種の中でも建設と化学のように業界が異なれば、7Sはもちろん変わります。この違いを業種間越境した際に意識して、脳内で問うことが大切です。

- なぜ、このような経営理念を定めたのか？
- なぜ、このような世界を創りたいのか？
- なぜ、このような価値観や考え方を大事にしようと思ったのか？

- いつ、誰が、経営理念を策定したのか？　そのきっかけはあるのか？
- この経営戦略の本質は一言でいうと何か？
- この戦略で、他社との競争優位を維持・拡大することができるのか？
- そのための自社の価値の源泉は何か？　それは独創的なものか？
- 原価構造はどうなっているか？
- 自社が持っている力は何か？
- バリューチェーンの上流・中流・下流のどこに、その能力があるか？　重点領域はどこか？
- 組織が有している能力は、相対的なものか？　それとも絶対的なものか？
- なぜ、自社はこのような組織形態なのか？
- 集権化（分権化）させている理由は何か？
- なぜ、このような評価基準なのか？
- なぜ、こういった報酬体系なのか？
- 情報システムをこのように運営している理由は何か？
- 予算（目標）管理の仕組みのポイントは何か？　また、その導入理由は？
- インフォーマルな組織の作法はあるか？　あるとしたら、なぜそのような暗黙知があるのか？

- 社員（同僚）の強みは何か？　それは組織に共通のものか、それとも属人的なものか？
- 社員の能力を高める施策（研修等）に特徴はあるか？
- 自社の社風や風土を表わす言葉があるか？
- 何かを決めるときの譲れない基準はあるか？　あるとしたらなぜその基準なのか？
- 管理型や自律促進型など、マネジメントスタイルに特徴はあるか？

このような7S領域の違いを、越境前後の企業・組織で比較し援用する思考実験をおすすめします。

□経営理念・ビジョン・ミッション
□経営戦略
□組織能力
□組織構造
□諸制度
□人材能力

□組織文化

- 製造業で培われ大切にされてきた安全・安心・信頼・着実という価値観を、今所属しているサービス業に更に取り入れたら、自社の強みが伸長されるかもしれない。
- プロジェクト単位で行なってきたコンサルティング・ファームでの仕事の構造のエッセンスを、横連携ができるCFT（クロス・ファンクショナル・チーム）として今の金融業に取り入れたら、今までにない観点での議論を踏まえた新結合がおきるかもしれない。
- 前の会社で導入していた業績管理指標を、今の会社の評価制度の一部に導入すると、更にモチベーションが高まりそう。

といった具合です。

3 言葉の違いに注目して、自社の常識と非常識に気づく

7Sで業種を比較する際のヒントとして、言葉に注目するということがあります。職場で会話されている言葉に注意深く耳を傾けると、違いが鮮明になることが多いです。価値観は形容詞に表出されますので、どんな言葉でほめているのか？　認知と称賛の根底に何があるか？　を比較すると違いが露わになります。

例えば、ほめる言葉だけでも

「それ新しいね！」

「今までにない価値だね！」

「創造的な仕事だね」

「誰もやったことがない、凄いね」

といった言葉を使う業界があるいっぽう、

「きっちりしているね！」

「確実にやったね！」

「効率があがったね！」

「丁寧な仕事だね」

の様な称賛をする企業もあります。


過去からの事業活動の中で培われ蓄積された言葉の中にこそ、業種・業界や企業の本質が表われるものです。

違いの認識は相対化を生みます。相対化とは〝他との関係や比較を前提として考える〟ということです。相対化することで、適用・援用力が増します。業界が違うと7Sに代表されるさまざまなことが異なることを踏まえ、違っていることを援用・適用すると何かが変わる、新しい価値が生まれるかもしれない、という思考をめぐらせるのです。

もちろん、違っているからといって、全てが援用・適用できる訳ではありません。また、越境後の仕事の中でできること・できないこともあります。

いっぽうで、業種が違えども変わらないものもあります。近年声高に叫ばれているデジタル・トランスフォーメーションや働き方改革、カーボン・ニュートラルへの対応やコロナ対応などは、業界共通の課題ともいえます。いずれも業種を問わず進展している環境変化ということができます。これらは、VUCA（Volatility Uncertainty Complexity Ambiguity）に表わされるように、我々に唐突・急速かつ複雑・不確実性をもって襲ってきます。このような大きな環境変化を捉えることも必要です。

とはいえ、業界内に閉じている優れたことを開いていくことで、思わぬ価値を生むことはまだまだたくさんありそうです。それは、業種内でごく普通に蔓延る常識を、他業種に越境してゼロベースで見て捉える、ということです。できるだけ遠くの業種に越境することで、常識と非常識の交換を行います。これこそが、業界内越境の醍醐味です。

僕は入社以来今に至るまで、営業の仕事をしています。営業して提供する価値としては、人材獲得、人材開発、理念浸透、組織文化改革、イノベーション促進などさまざまですが、全てB to Bで行なってきました。そして、業種を特化したものではありませんでした。つまり、ほぼ全ての業種の企業と対話してきた訳です。社数は千社を優に超え、名刺交換した人は数万人に及びます。

さまざまな業種の企業への営業は、疑似的な業種間越境ということができます。業種が違うと、大事にする価値観や意志決定の基準値が異なります。バリューネットワークが異なるのです。当然のことながら、自社とは異なる業種の方々とのコミュニケーションは、さまざまな気づきをもたらします。そのこと自体が、脳内での相対化を生み、援用・適用できることが見つかります。営業を通じて全産業・全業種と付き合うことができ、自分や自社の中に今までにない価値をもたらしたと言ってもいいと思います。

業種間越境のまとめ

1　7Sを用いた業種分析で、業種の違いを認識する

2　7Sによる思考実験を深め、自社への援用・適用を考える

3　言葉の違いに注目して、自社の常識と非常識に気づく

業種間越境で獲得できることは、新しい知識、モノの見方の転換、新結合、ネットワーク等さまざまです。業種が異なれば、7S全てが異なります。7Sの掘り下げを徹底することで、違いの認識からこれらのことが手に入るのです。特にモノの見方は業種が異なると大きく変わります。各々の業種におけるモノの見方を相互に適用・援用することで、新しい知識や新結合が得られます。業種間越境をするのであれば、できるだけ遠くに跳ぶことをおすすめします。

業種間越境をすると、ふたつの業種を経験しているという自信がつきます。現代はVUCAと言われるように変化の時代です。業種の栄枯盛衰は激しく、更に言うと業種の括り自体も意味がないものになりつつあります。例えばアマゾンはどの業界に属しているでしょうか？　流通・小売り？　物流？　サービス？　ICT？　業界を決めることは非常に難しいし、あまり意味がないかもしれません。これは業際化が進んでいるということを示すものです。業種間越境はひとり業際化を行なうことです。それは、自分のキャリア開発や、社会に対する貢献の観点からも、大いなる自信や可能性の拡張につながることでしょう。

僕は、社会人になって30数年間、ずっとリクルート及びその関係会社で仕事をしてきました。その意味では業種間越境はしていません。しかし、ふたつの観点で実質的な業種間越境をしてきました。ひとつ目は自社での仕事です。採用支援から人材開発、組織コンサルティング、イノベーション創出支援と業種を跨ぐような仕事の変化を経験しています。ふたつ目は業種を限定しない営業活動です。前述した通り顧客は全ての業種に渡ります。メーカー、商社、金融、流通、情報、サービス、公務系……。さまざまな業種の顧客と日々議論してきました。

この業種間越境によって、自分の業種の常識は他業界の非常識を経験し、刮目し続けています。

Chapter 6

産官学越境

ずっと会社員でいいのか？ の「もやもや」を突破する

Production of official studies across the border

産官学越境

Production of official studies across the border

「このままずっと会社員でいいのかな？　大学の同窓で官僚になった人がいる。仕事はめちゃくちゃ大変そうだけど、会うといつも充実している感じがする。もやもや……」

「大学院に入りなおして頑張っている仲間がいる。この前、書いている論文のことを話していた。なんだか楽しそうだ。もやもや……」

「後輩が母校で授業をしている。起業に関して話しているらしい。私が話せることがあるかな？　もやもや……」

民間企業でずっと働いていると、もっと違う〝生き方〟があるのではないか？　という「もやもや」が表われます。民間とは異なる世界の仕事って何だろう？　官（行政機関／官僚／公務員）や学（アカデミズム／大学教授）の世界はビジネスの世界とは別で存在する。仕事のやり方や関係集団、物事の決め方などは随分違うようだが、誰かに、何かしらの価値を提供し、対価を獲得するということは概ね変わらないかも知れない。でも自分は単なる会社員だし……。といった「もやもや」です。

ずっと会社員でいいのか？　といった「もやもや」は産官学越境で晴らします。行政を行なう官僚・公務員や、アカデミズムの世界で教授などになることを考え、行動します。官も学も、ビジネスの世界とは〝生き方や棲み方〟が大きく異なりますが、社会に対して貢献するという存在目的はどうやら変わらない気もします。キーワードは〝顧客と貢献〟です。

産官学越境では、官と学の世界に対する強い興味・関心が何より必要です。官の大きな仕事は政策立案です。学の存在意義には真理の追究があります。民間企業の価値創出とは方向性が違います。想いの強さが求められます。

産官学越境で、ずっと会社員でいいのかな？　の「もやもや」を突破してください。

1－① 産官の違いを理解し、官の仕事をイメージする

民間でのビジネスに慣れてくると、仕事自体には大きな変化がなく大概安定してきます。定年までこれが続くのか？　と思うことがあります。なんとも「もやもや」する感じです。そんなとき、民間とは異なる世界に注目してもいいかもしれません。産官学越境です。

まず、産から官への越境を考えます。民間企業から官公庁への越境です。中央官庁などの行政機関で仕事をする人のことを一般的には官僚といいます。

官僚の仕事の第一義は、政策立案及び推進です。政策とは、政府や政党などが施政上の方針や方策を示すことであり、政策の実施のことを施策といいます。政策を推進するために法律を制定・改訂し、執行のための予算を確保し、行政指導や許認可によって民間企業を

管理・監督するというかたちをとります。

彼らがよく使う言葉があります。それは〝座組み〟です。元々は歌舞伎や寄席、演劇などでの出演者の構成のことを示し、そこから転じて、プロジェクトに参加するメンバーや所属会社の構成、プロジェクト体制自体の意味でも用いられるようになりました。最近では、目的を果たすための全体の仕組みや仕掛け、エコシステムといった意味合いを持ってきたように思います。このような〝座組み〟、すなわち日本という国家の成長や、日本国民の安全を司る全体の仕掛け・仕組み・構造をつくるのが、官僚の仕事といってもいいでしょう。

いっぽう民間の仕事は何か？　民間企業も最終的には日本の成長につながる事業活動をしています。ただしそれは個別具体性が高く、差別性を競争力の違いにつなげています。経済効果を獲得することが求められ、新しい価値の創造を常に追求しています。民間企業の仕事も〝座組み〟をつくることといえますが、それは全体感、ひいては国家を捉えてのものということではなさそうです。

官の仕事と民間の仕事を比較してみましょう。

官の仕事と民間の仕事はかなりの違いがあることが分かります。監督官庁という言葉が

図6-1 官と民の違い

項目	官の仕事	民間の仕事
顧客	●日本国民全体	●セグメントされた顧客
顧客価値 (顧客が適正と認める価値)	●政策立案・推進 ●〝座組み〟づくり ●効率重視	●お客様が求める事+α ●業種・企業毎に異なる ●価値と効率
収益モデル (どうやって儲けるか)	●収益は追わない ●予算費消 ●国民一様で考える	●顧客価値を研磨 ●様々なビジネスモデル ●多様性対応
競争優位性	●政策立案能力 ●施策(政策実行)能力	●独創性・創発性 ●計画立案から実行力へ
視座・視点	●全体最適	●顧客最適
価値観	●公平・公正	●差別化

あるように、官は指導を行うことができるため、官と民では何かしらの上下関係的なイメージもありそうです。これだけの違いがある産官間を越境すると何がおきるでしょうか?

2017年に、国土交通省の官僚と民間企業の30代のビジネス・パーソンが、自律的に社会課題を設定し、協働して解決策を考える産官交流イノベーション研修を主宰したことがあります。断続的に実施した4日間の研修と、その間のフィールドワークで、産官混成のチームが社会課題の解決の事業案をつくるというものでした。

そこでの議論は産官双方にとって目から鱗が落ちる経験でした。産、つまり民間企業側は、政策がどう執行されていくかのプロセスについては全く門外漢。法律はどのように制定されるのか？ 予算はどのように編成されるのか？ 国会でどのように議論されるのか？ といったことは全て新鮮に捉えられたようでした。

同じように官僚にとっても民間企業の仕事は意外性の連続だったようです。顧客価値をどう磨くのか？ どのようなビジネスモデルを設定して収益を上げるのか？ 組織の中からイノベーションをどう起こそうとしているのか？ 両者にとって、そもそもの組織の目的やモチベーションの源泉、日々の仕事の内容や時間の使い方、コミュニケーションの様相など、全てが違っていたのです。

この官民チームが、フィールドワークを含めた4カ月間を、社会課題解決の仕組みをつくる、という共通目的で過ごしました。官は民の発想を、民は官の思考を取り入れ、官5名・民17名・合計22名の受講者が、大きく変わりました。

1―② 任期付き任用を活用し、官僚となり政策をつくる

「大学のときは官僚になることも考えていた。けれど、今は民間のど真ん中。官の仕事は民間とは根本的に異なりダイナミックだろう」。そう感じる人は、官僚と一緒に仕事をしたり、真剣に官僚になることを模索したりすべきです。

官との仕事は基本的には公示から始まります。民間に依頼する事業の内容を精査し、入札します。事業案が精査され、開札し、受諾できれば官との仕事が始まります。手続きは煩雑ですが、仕事自体は国のために行なわれるので、疑似的な産官越境ということができます。官と民とで協業しながら日本の競争力を高めるのです。そこでは、新鮮な越境効果が得られる筈です。

では、民間の立場で官僚になるにはどうすればいいのでしょうか。

それには、**「任期付き任用」という制度を活用する**のがいいと思います。行政を担う公務員は、新規学卒者等の採用・内部育成を基本としています。近年は環境変化に対応するために、内部育成だけでは得られない有為な部外の人材を活用していくことが求められています。このため、専門的な知識・経験等を有する人を、任期を定めて採用し、その専門性等にふさわしい給与を支給することができるよう、平成12年11月に「一般職の任期付職員の採用及び給与の特例に関する法律」(任期付職員法)が制定されました。採用の要件には、「高度の専門的な知識経験」や、「優れた識見」を有するもの、とあります。前者は、例えば、弁護士又は公認会計士などが培った知識経験であり、かなりハードルが高いです。後者の「優れた識見」とは、例えば、民間における幅広い分野で活躍し、広く社会的にも高く評価される実績を挙げ、創造性、先見性などを有すると認められるもの、と説明されています。こちらも文言からすると相当難しそうな気がしますが、Chapter 1でも書いたように、これまでに培った経験や経歴を纏めた際に表出してきた自分の強みを活かすべきかと思います。

もちろん、「任期付き任用」を各省庁が募集していなければ、この制度を活用した官への越境はできません。どんな官庁がどのような職員を募集しているかを調べて、自分の「専門性」や「優れた識見」を踏まえ、応募してみるとよいでしょう。任期は最大で5年です。注意点があります。原籍の企業が「任期付き任用」をどう捉えているか、は人事部に相談する必要があります。仮に任用された場合、任用中はどのようになるかも確認してみましょう。休職扱いで任用後に戻れるのか？　退職となるのか？　などです。

一見、この産官越境の難度は高そうですが、官の仕事に興味がある場合は〝案ずるより産むが易し〟。知人でこの制度を活用して官、すなわち国家公務員となり、霞が関の仕事のダイナミズムを経験した人が何人もいます。彼らは等しく、「官僚の仕事は民間とは全く異なる。法律をつくり、全体感を考え、国民に奉仕する。色々と覚えなければいけないことは多いし、ややこしいこともあるけど、総じていい経験ができた」と話していました。「任期付き任用」を検討してみる価値は大いにあるでしょう。

任期付き任用ではありませんが、僕も国と仕事をしたことがあります。平成22年度に経済産業省で行なわれた「産業技術人材育成事業」を皮切りに、いくつかのイノベーション関連の共同調査や事業を行ないました。疑似的な産官越境ということができます。

この事業では、イノベーションをおこす人材の傾向や特徴・見極め方法、組織側の仕組みや工夫、企業事例調査などを行ないました。一橋大学名誉教授の野中郁次郎先生に監修に入っていただき、経産省産業人材政策室の官僚と、リクルートのプロジェクトチームとで半年間議論を繰り返しました。

そのやり取りの中で、官僚の方々の軸は全くぶれませんでした。「日本を何とかしたい」「Japan as No.1のときの強さを取り戻したい」「イノベーション国家にしたい」。そんな志が全ての発言の根底に感じられました。どこまでも本気で日本国の将来のことを考えていました。国家を憂いていたわけです。ずっと民間で、利潤の追求を考えて仕事をしてきた自分にとって、そのこと自体は衝撃でした。ある種の崇高さすら感じました。

民間から官への越境では、仕事の前提自体が大きく変わります。刺激が得られること請け合いです。

2-① 大学の存在を見直し、アカデミズムの世界を理解する

知識や真理の追究に興味・関心があるという方も多いでしょう。とはいえ、働かないと生きていけないので普通に民間に就職した人が多いのも事実。改めて産学越境を考えてみます。

大学、つまり大学や大学院が置かれている状況を考えてみます。大学や大学院のミッション（使命）は一体何でしょうか？　文部科学省の定義には、「大学とは、学術の中心として深く真理を探求し、専門の学芸を教授・研究することを本質とするもの」とあります。大学は研究する場所ということができます。

また、このような記載もあります。「社会が発展していくためには、その基盤として、新しい知識を創造するとともに、高度に活用する高い専門性を持った人材を育成することが

不可欠である」。当然ですが、大学は教育機関でもあるのです。

さらに続きます。「今後の知識基盤社会において、我が国が伝統的な文化を継承しつつ、国際的な競争力を持って持続的に発展するためには、知的創造を担い社会全体の共通基盤を形成するという大学の公共的役割が極めて重要であり……」。この一節から大学は、イノベーションの基盤であることも求められている、と読み解けます。**大学は、研究・教育・イノベーションのプラットフォーム**ということです。

次に日本の大学を取り巻く状況を見てみます。2003年に国立大学法人法が制定されました。この施行に伴い、それまでは文部科学省内の一機関だった日本の国立大学は、国立大学法人に移行しました。法人化して民間の経営手法を取り入れよう、ということです。これにより、学科名の変更や、研究の追加予算確保、大学外の企業等との連携や協働などもできるようになりました。もちろん、近年も国立大学には年間約1兆円の補助金（運営費交付金）が配分されており、経営状況や中期計画を文部科学省に提出する義務はあるのですが、運営の自由度は高まりました。〝象牙の塔〟から、〝開かれた場所〟になっているのです。

このような大学・大学院が置かれている状況を踏まえ、ビジネス・パーソンの越境先として考えてみるのも選択肢のひとつとして考えるべきだと思っています。

2-② 大学の研究室やゼミ、キャリアセンターを利用し、学での可能性を追求する

就職以来母校のキャンパスには行っていない人も多いのではないでしょうか。**卒業した大学の研究室やゼミを訪れることはそう難しくないでしょう。ごく簡単な産学越境です。**

理系・文系問わず、卒業する際に論文を書いた人は多いと思います。論文の担当教官がまだ在籍している場合には、母校の教授宛にアポを取り、訪問してみましょう。事前に教授の最新の研究内容を確認しておき、エンジニアであれば自分の企業での研究テーマや開発内容と、事務系職種であれば自身の仕事内容との接続ができそうかをイメージしておいてください。

訪問したら、教授の研究内容を詳しく聞きながら、自分のテーマや仕事での実績を伝え

てみてください。この会話を巡り、お互いが何かしらの気づきを得ることができたらチャンスです。教授や大学・大学院と自分や自社との共同研究や、協働することができる何かを掘り下げていくといいと思います。産学の新結合のきっかけになると思います。

キャリアセンターを訪問するのも産学越境のきっかけになります。大学はその構造上、多くの受験者や入学者を獲得しなければなりません。大学の人気を左右するのはブランドや研究内容、教授の顔ぶれもありますが、就職実績が大きい。

就職実績を向上させる役割を担っているのがキャリアセンターです。学生にとって参考となるのが、母校の卒業生のビジネス・パーソンとしてのキャリアです。自分はどんな就活をして？　どんな観点で企業を選び？　今までどんな仕事をしてきて？　どんな経験やスキルを獲得してきたのか？　といった話は有益でしょう。

母校のキャリアセンターがどのような情報を欲しているのかを確認してみて下さい。

僕も母校である早稲田大学で講演したことがあります。学部別の就職ガイダンスで企業選びのポイントを自分の経験を交えて話しました。第一文学部卒だったのですが、文学部としての強み——人間の営みや社会の様相を俯瞰して捉える——を踏まえた就活をおすすめしたことを憶えています。一時的ではありますが産学越境をしたことになります。

2-③ 論文を書き、アカデミズムでの立脚点を得る

「そういえば、卒業論文はとても大変だったけど、今思うといいテーマ設定だったな。改めて読み返してみよう」。そんな人には改めて論文に向き合うことをおすすめします。

大学や大学院で卒業論文を書いた人は多いと思います。ここでは、博士の学位を取得するため、もしくは非在学者が博士認定を求めるために大学院に提出する論文のことを指すことにします。この**博士論文は**、**大学や国の機関の研究者になるための前提です。アカデミズムへの越境の**、**ど真ん中のルート**ということができます。ここでは、ビジネス・パーソンとしての経験を活かした論文執筆についてのポイントを示します。

- 大学・大学院自体のテーマや研究について、改めて確認する
- エンジニアは現在の研究・開発の内容を、事務系職種であれば仕事内容を振り返る
- ふたつがつながる場合には、研究がどのように進化したかを深掘る
- ふたつが別テーマである場合には、概念昇華して何かしらの新結合のポイントを探る
- 論文の構成を考慮し、ビジネス・パーソンとしての研究や仕事がどの要素を補強することができるかを検討する（以下、一般的な論文の構成要素）

1章：研究の社会的背景・目的・動機
2章：先行研究
3章：研究①※
4章：研究②※
5章：考察と結論
※研究①を大学・大学院時代の研究、研究②をビジネス・パーソンとしての研究とおいて、論文を構成するといいかもしれません。

博士論文は簡単に書けるものではありません。軽々しく書いてみましょうというつもりはありません。査読してもらう担当教官は必要ですし、構想から完成まで数年はかかりま

す。時間的拘束はかなりあり、会社や上司・職場の賛同や協力も不可欠です。ただ、大学・大学院時代にやりたかったことに、社会人としての経験や実績が加味され、何かしら進化していることは間違いないと思います。

また、社内で、名刺に「博士」と記載されている人もいるかもしれません。社会人になってから仕事上での研究を踏まえて博士論文を書いた人もいるでしょう。その人に詳しく論文執筆の苦労や工夫を訊くことで、手触り感が手に入ります。博士の方への社内インタビュー、おすすめします。

人はなぜ論文を書くのでしょうか？

京都大学名誉教授の山口栄一氏と一緒に、産学連携をテーマにした異業種協働のイノベーション研修を主宰したことがあります。２０１９年のことです。山口先生に「日本の産学連携は何故うまく行かないか。どうすればオープン・イノベーションがうまく行くか」という主題で講演をして頂きました。その中で研究の本質について、「研究とは真理の追求であり、知の創造である。その根底に論文がある。研究と似て非なるものに開発がある。開発は知の具現化であり、価値の創造である」と話してくださいました。まだ見ぬものを見て、ないものをあらしめるために知を創造する。その根拠が論文という訳です。

こう書くととても難しい感じがしますが、人は、新たな知を創発するために論文を書くのだと思います。今までにないユニークなテーマ設定、諸処の困難に直面しても諦めないしつこさやくどさ・粘り強さ、物事に対する洞察力や論理的思考力、そして何よりも他の人が成し得ていないことをやりたいという強い欲求が、論文を完成させるのかもしれません。

僕は文学部文芸学科の卒業なので、卒業制作としてシナリオを提出して学位を得ました。論文は書いたことがありません。事実と論理で仮説を検証し、社会に問題提起する（博士）論文には憧れます。

2-④ 大学で〝教える〟ことで、自分の価値の範囲を拡大する

ビジネス・パーソンとして自分の専門性のエッジが立っていれば、大学で〝教える〟ことも可能です。大学の機能のうち、研究ではなく教授（教育）の分野での産学越境です。

大学の教官になるには、博士論文が受理され、その後、「ポスドク」（ポストドクターの略で博士号を持った短期の研究員のこと）と呼ばれる任期制の短期研究員のポストを経て、正規職員となるケースが殆どです。任期は概ね2〜3年。そう簡単なことではありません。

いっぽうで、大学や大学院、特に社会人大学院はＶＵＣＡ時代に対応するためにも、外部の知を取り入れることに熱心です。大学のカリキュラム（授業構成）は、その目的と共に公開されなければならず、勝手に変更することはできませんが、以前と比べて授業内容

の自由度は高まっています。

近年は、例えばキャリア教育や英語での授業、ボランティア活動などが、多くの大学の講座に新しく取り入れられています。母校でキャリア講座を持つことなどは、比較的ハードルが低いと思われます。以下の流れを参照して、大学で〝教える〟領域を深めていきます。

- 自分のビジネス・パーソンとしての専門性をまとめる（Chapter 1参照）。何かしらの専門性や特化した仕事内容が、大学生にはどんな気づきになるかをイメージする。
- 講演などの実績があればまとめる。社内・社外を問わず、講演・セミナー・勉強会・パネルディスカッション、プレゼンテーション等の実績を振り返る。テーマ、日時、目的、対象、内容、評価（成果）を一覧にすると共に、発表資料を準備しておく。
- 大学（大学院・社会人大学院）について調べる。事前に、当該大学の特徴や教育方針、新しいことへのチャレンジや新しい組織（キャリアデザイン系やイノベーション系の組織など）を調べる。昨今は教育方針にも徹底した差別化が求められているので、その大学が重視するテーマが自分の専門性とつながるかを検討する。
- 大学にアクセスする。大学はつながりを重視するので、母校の研究室やゼミ等の教官、キャリアデザインセンター等にまず連絡して主旨を伝え、アポを取る。

- 自分を売り込む。大学で教えられる（教えられそうな）ことを、専門性を踏まえて話してみる。

大学で教えるためには、今までにない領域に注目することが大切です。自然科学に対して、社会科学は比較的未踏の分野が多そうです。いわゆるビジネス書のベストセラーを概観すると、持論はあるものの学問として研究されているものは意外と少ない印象です。例えばビジネスモデル。言葉として一般化したのは21世紀に入ってからです。ごく普通に交わされている概念ですが、その定義や内容は研究し尽くされてはいません。自らの経験値を掘り下げて大学で〝教える〟には、このようなテーマが相応しいと思います。

大学の経営は年々厳しくなる一方です。その根底には急激に進む少子化があります。日本の大学の収支構造は欧米、特にアメリカの主要大学とは著しく異なっています。その違いのひとつが受験生への依存度です。受験する際に支払う受験料が大きな収入源になっている大学は多い。人口が急減する中で、多くの受験生を確保しないといけません。選ばれる大学への淘汰が始まって久しいのです。では、選ばれるポイントは何か？　それは概ね就職率です。ある大学では徹底した就職指導をすることで、95％超の就職率を毎年維持しています。そのカギはキャリア教育にあります。学生のキャリア教育を司る大学のキャリアセンターや就職課は、民間企業の知恵や経験を求めているといっていい。このあたりに大学で教えるヒントもありそうです。

大学で〝教える〟ことは簡単ではないですが、実際に大学教授を始めとしたさまざまな人たちが、さまざまな立場で教えています。学生とコミュニケーションしているのです。彼らとの対話は、学習意欲が高く議論が活発となるので、気づきが多いでしょう。

大学で既に教えている教授や講師の友人はいますか？ もしいるとしたら、その方々の実際の教授内容を詳しく聞くことをおすすめします。特に社会人向けの講座を持っている人は、その中でリアルビジネスの事例を欲しているケースが多いです。

つながりを活用する。国際基督教大学で教授をしていた友人とは、企業変革のケーススタディを巡って議論していました。その縁で、彼の授業の一コマを受けもったことがあります。テーマは「HR を軸にした企業変革」。自分の経験を基にして資料を作成し、授業を行ないました。同様のつながりで、広島大学で教えたこともあります。つながりを大事にしながら大学で教えることで、産学越境を実現することは可能です。

産官学越境のまとめ

1 産官越境

① 産官の違いを理解し、官の仕事をイメージする

② 任期付き任用を活用し、官僚となり政策をつくる

2 産学越境

① 大学の存在を見直し、アカデミズムの世界を理解する

② 大学の研究室やゼミ、キャリアセンターを利用し、学での可能性を追求する

③ 論文を書き、アカデミズムでの立脚点を得る

④ 大学で〝教える〟ことで、自分の価値の範囲を拡大する

産官越境で獲得できることは、モノの見方の転換が大きい。産は事業推進をしますが、官は座組みをつくります。座組みとは国を見据えた全体最適であり、顧客は国民全般で

す。視座や視界が異なるので、新しいモノの見方が手に入ります。

産学越境で獲得できることは、新しい知識が筆頭でしょう。学（大学・大学院）は真理を追究し、研究と教育を行ないます。研究における成果は論文であり、議論される場は学会です。主役は知であり、深掘れば今までにない知識が自分のものになります。

産官学越境をすることで、民間企業とは全く異なる〝人生〟が待っています。

官僚と話をしているとサブという言葉が頻出します。サブとはsubjectであり、主題・課題が転じて政策を意味します。サブを深掘り、研究し、議論し尽くして、策定する。政策が実現されると、それが有為なものであれば、国が前進する。そのときのダイナミズムは他に比肩できるものがないといいます。

学の世界で生きている人は、真理の追究や新たな価値の創造が第一義です。FactとLogicを駆使し、書生じみた正論で生きているのです。恐らくですが、未知の真実を掴むこと自体が彼らの強力なモチベーションなのでしょう。

僕は仕事柄、疑似的に頻繁に産官学越境をしています。自分の民間としての立ち位置が好きなので、官学に場所を移してはいませんが、官学の民間とは異なる凄みや刺激、獲得できることは分かっているつもりです。これからも産官学越境を続けます。

Chapter 7

労使間越境

Labor crosses the border

経営者になれるかな？　という「もやもや」を突破する

労使間越境

Labor crosses the border

「今のままだとマネジャーになるのはもう少し先だと思う。今年は部署に新人が配属されなかった。自分のキャリアは大丈夫かな？　もやもや……」

「仲良しの友だちが起業した。社員数はまだ5～6人。オフィスに行ってみたけど、〝わいわい〟〝がやがや〟でカオスそのものだった。けど、みんな前を向いている感じがした。私は？　もやもや……」

「ベンチャー企業の経営者から口説かれ、経営に参加した後輩がいる。IPO（株式上場）を目指すという。安定志向の自分でもできるかな？　もやもや……」

最近、スタートアップという言葉を多く耳にします。リクルートグループの多くの先輩・同僚・後輩がスタートアップなどの経営者をしています。このような労働者と経営者の間の越境はあたり前になりつつあります。自分は労働者のままか？　それとも使用者（経営者）になるのか？　という「もやもや」は、ますます増えそうです。

自分は経営者になれるかな？　といった「もやもや」は、労使間越境で晴らします。会社とは何かを認識し、経営者から覚悟を聞きイメージを深め、経営してみる。そして資本主義のダイナミズムを感じる。キーワードは〝資本主義〟です。

労使間越境の根底に必要なのは雇われて生きることへの不安です。時代が大きく変化している中で、安泰な企業や仕事はないといっていい。不安感こそエネルギーです。また、経営者は自分でやることを決めて、組織の人を動かすことが求められます。その大前提として、経営に対する絶対的な覚悟は必要です。

労使間越境で、経営者になれるかな？　という「もやもや」を突破してください。

1 「会社員」という言葉から、働くことを考える

雇われて生きていくことにふと疑問を持つことはあると思います。そんなときは、労使間越境の始まりです。

「会社員」という言葉、会社に従属している感じがして僕は好きではありません。「サラリーマン」も同様です。和製英語のようですが、直訳は〝月給取りの男性〟ということです。給料で生活する人、月給取り、給与生活者、会社員、といった意味があるようです。かく言う僕も、30数年サラリーマンをやっています。会社との雇用契約で使用され、賃金を支払われている訳です。ただ、サラリー（賃金）ということが前面に出過ぎているのと、男性だけに限定した言葉であることに違和感があります。**誰でもどんな仕事でも、顧客に対し**

て価値を提供して、その対価として賃金を得ているので、サラリーマンではなくビジネス・パーソンというべきかと思います。

とはいえ、会社と何かしらの契約関係にあるのは間違いないので、その契約内容を精査する必要があります。雇用契約書は必ずしも交付を法律で義務付けられてはいないので、取り交わした人は少ないかも知れません。ただし、就業規則は別です。就業規則とは、賃金や労働時間、解雇や懲戒処分の事由など、就業にあたり従業員が守るべき規律を定めたものです。就業規則は、常時10人以上の従業員を使用する事業場がある会社においては法律上の義務として策定されなければいけません。

この就業規則は多くの会社が有していると思います。いっぽうで、これを表紙から最後のページまで読んだことがある人は少ないと思います。ここには、労働者と使用者との関係が記載されています。労働者であることを先ず明確に意識するためにも、就業規則は熟読すべきかと思います。労使越境をする際に、最初に行なうべきこと。それは、越境する前の「会社員」としての前提や現状を熟知することです。

2 資本主義の原則を考え、株式会社のリアルを知る

雇われているのであれば、雇っている主体者がいます。経営者です。経営者を〝雇っている〟人がいます。株主です。

会社は誰のものでしょうか？　会社の法的な所有権は株主に帰属します。多くのビジネス・パーソンは、会社に自分のキャリアを委ね、半ば住処のようになります。よって、会社は社員のものといったイメージを持ちがちですが、会社は株主のものです。

自社が上場企業であれば、有価証券報告書等で主要株主は確認できます。自分の会社を誰が所有しているのかは知っておくべきです。この瞬間の株価や総発行株式数、時価総額も分かります。株式時価総額は株価×総発行株式数であり、投資家が捉える当該企業の現

在・将来価値の総和ということができます。株価の上昇や下落と、自分の仕事とのつながりをイメージしてみてもいいでしょう。「あの時、新商品をリリースしたけど、漸次株価が上がっていった」「M&Aをプレスリリースして以降、株価は上昇基調だ」。自分の過去のキャリアと自社の株価のトレンドが重なることもあると思います。

自社が上場企業ではない場合は、おそらく経営者が主要株主です。また、経営の透明性を担保するために、ホームページ等で株主を開示しているケースもあります。ただし、非上場企業は証券法の範疇外なので、株主の開示義務はありません。

次に、自社の株式を労働者である自分が所有することが可能か検討します。上場企業であれば、証券市場での株式の買い付けは可能です。議決権を行使できるまで株式を所有できれば、労使間越境をすることになります。使用者として経営に物申すことができます。

上場企業であれば、多くが持ち株会をもっています。入社した際に説明を受けていると思います。持ち株会での自社株の取得については、詳しく知っておくべきかと思います。持ち株会自体が議決権を行使できる株式を所有していれば、合議とはいえ社員が経営に参加できるということができます。

3　身近な経営者と対話し、経営の生々しさを得る

ずっと雇われて生きてきたので、雇う側のリアリティが分からない。そんなときは、身の周りにいる経営者と対話してみましょう。

自分だったら果たして経営はできるだろうか？　経営者になれるだろうか？　という自問を常に頭の隅において、経営者と話をすることをおすすめします。

・経営者と対話する

↓なぜ、経営者になろうと思い、どうやってなったのか？

↓経営者には何が必要か？

↓普段何をしているのか？（時間配分を想定して）
↓何を成し得たいのか？
↓経営者として一番嬉しかったことは何か？ 一番つらかったことは何か？
といったことを訊くと、労使の使（経営者）のイメージが深まります。

仕事上でつながり、対話し続けている経営者がいます。株式会社シルバーウッドの代表取締役社長である下河原忠道氏です。20代で今までにない建築工法を考案し、特許を取得。住宅事業を立ち上げ、その工法でサービス付き高齢者向け住宅（サ高住）を建築しました。その施主から「住宅を運営する仕事をやってみては？」との誘いを受け、介護事業に進出します。「銀木犀」というブランドで首都圏を中心に十数棟のサ高住を建築し、オーナーとして事業推進しています。

高齢者と触れ合ううちに、認知症を巡る諸処の課題に直面し、「VR認知症」という新事業を立ち上げます。認知症の方々の状態を一人称視点で体験できる仕組みです。その後、石垣島で「世界最高の朝食を提供するホテル」の建設を開始しています。ピボットの繰り返しで経営を推進している方です。経営者としての苦労は凄まじいはずですが、下河原氏は常に明るく軽やかで本質的です。経営者としての覚悟と迫力をいつも感じています。

4 経営者の行動や思考を知り、視座・視界を共有する

自分の会社の経営者が何をしているか気になる人も多いでしょう。色々とアプローチしてみると、経営の手触り感が分かります。自社の経営者が普段何をしているかを知る流れを示します。

- 自社の経営者が身近にいる場合、直接話を聞いてみましょう。経営者としての要諦や意志決定の基準値を聞きながら、なぜ今経営の仕事をしているのかを掘り下げてみます。
- 自社の経営者に対して簡単にアクセスできない大企業の場合には、公開されている情

報を確認することで、経営にどう向き合っているのかのヒントを得ることができます。昨今は経営者自らがSNS等で情報発信をしている場合もありますので、フォローしてつながることも大事です。

- 経営者の経営判断は経営計画に反映されます。中期経営計画の最初から最後まで熟読し、なぜこの計画なのか？ その決定の背景にあるのは何か？ を読み解くことも、経営者のリアリティを知る要素になります。
- 自社ウェブサイトや採用ホームページにも、経営への越境のヒントが隠されています。社長の挨拶はもとより、強化事業領域や自社の強み、社員に対する期待等から、経営のポイントを推し測ることができそうです。

大きな組織であれば、秘書室があります。経営者のことを知るには、秘書と仲良くなることも手です。彼らは日常的にコミュニケーションしているので、経営者の考え方や言動についてある程度分かっていると思います。政策秘書であれば、コンテンツ自体を一緒に考えているケースもあるでしょう。経営者のリアルの一端が分かるかもしれません。

5　自分と経営者を比較し、課題・解決策を提案する

経営の仕事が概ね理解できたら、イメージングと対話をおすすめします。

・自分の仕事と経営者の仕事の相対比較をしてみる

↓前述した経営への疑似的越境を踏まえ、今の自分の仕事と何が違うのかを徹底して比較してみます。

↓恐らく圧倒的に異なるのは、視座の高さや視界の広さかと思います。労働者は個人の視界で部分的に物事を捉えますが、経営者は法人として全体的に事象を捉えます。法律上有する人格には、個人格と法人格がありますが、代表権を持つ経営者は法人

格を〝代表〟しています。会社を背負っている訳です。

↓この相対化をすることで、自分の仕事の全体の中での位置づけと、経営者の仕事の全体としての重みや覚悟が感じ取れるはずです。

• 自分が〝この瞬間〟に自社の経営者だったら、何をするか考える

↓部分と全体、現在と未来、内部志向と外部志向、といった労働者と使用者との違いを認識した上で、もし自分が今この瞬間に代表権を持つ経営者だとしたら、何をするかを考えます。

↓まず、課題設定です。課題とは、目指す姿と現状の差分、です。売上げや利益、顧客数、市場シェア、顧客満足度といったものから、新商品、新規事業、技術戦略、デジタル・トランスフォーメーション対応、新しい組織やITシステム、ガバナンス、人事制度や組織文化に至るまで、自社が抱えている課題は膨大です。どこに焦点をあてるかは経営としての優先順位によりますが、具体的に領域を決めて、目指す姿と現状の差を検討します。

↓その課題を解決するために必要な資本を考えます。既に自社内にあるものや、保有していないものもあります。また、資本というとお金を想起しがちですが、近年は

図7-1　資本の国際統合フレームワーク

I.　財務資本：株式、借入、寄付など
II.　製造資本：建物、設備など
III.　知的資本：組織的・知識ベースの無形資産。知的財産権や暗黙知、システム、ルールや手順などの組織資本
IV.　人的資本：労働者の能力・経験。ロイヤリティやモチベーション、変革志向等
V.　社会・関係資本：多様なステークホルダーとの関係性、共有された規範、共通の価値観や行動、ブランドなどの無形資産
VI.　自然資本：再生可能及び再生不可能な環境資源。空気、水、土地、鉱物及び森林、生物多様性、生態系の健全性

出典：国際統合報告評議会（IIRC）

資本自体を統合的にとらえる動きが世界で主流です。上記に国際統合フレームワークが示す6つの資本を提示します。

これらの資本を内外からどう調達し、どのようにして課題を解決するかをイメージしてみることが大切です。尤も、物理的になかなか加味できない財務資本や製造資本を取り入れた課題解決は、真の経営者でなければ想起しにくいと思います。注目すべきは知的資本、人的資本、社会・関係資本の3つです。新しい資本主義の議論が盛んな現在、人的資本を活用した自社の課題解決のイメージングは必要かと思われます。

● 考えた課題解決方法を、経営者に話してみる

↓自分が経営者になったつもりで、疑似的越境をしたうえで、課題を設定して解決の方法を何かしらの資本を加味することで実現する、ということをここまでイメージしてみました。置かれている状況によって課題は千差万別であり、その重要度や優先順位もさまざまだと思います。

↓ここで大切なことは、考えたことを経営者に話してみる、ということです。本気で考えた課題とその解決策を、実際の経営者が耳を貸さない訳がありません。シビアな経営判断を下してきた経営者にしてみれば、非常に貴重な意見のはずです。しかも、社員が自主的に提案してきたとなれば、虚心坦懐に聴いてくれるはずです。提案自体は若しかしたら大外しすることもあるかも知れません。ピンボケや、練りが足りないものもあるでしょう。しかし、「自分は経営者の視点になったつもりでこう考えました」と提言する社員がいること自体が、経営者にはとても心強く映ると思います。経営者は想像以上に孤独な存在なので。

6 経営者と対話し、得られたコトを振り返り、自分事にする

経営者と対話することで、経営のリアリティが手に入ります。振り返りが肝要です。

・得られたコトを振り返る

↓この労使間の疑似的越境で得られたコトを振り返ります。労使の使、つまり経営者の立場で物事を考えることの越境的意味が得られると思います。雇うか雇われるかの違いはもとより、特に全体感でビジネスを捉える経営観を知ることで、自分の仕事の意味や価値が手触り感をもって再定義されるはずです。

労使間越境とは、労働者から使用人（経営者）になることです。社員としての自分と経営者との違いを認識して、自分が自社の経営者だったら何をするのかを考え、課題を設定し解決策を内省・検討し、経営者に提案することは、経営とは何か？ 所属している会社とは何か？ を考えるには格好のプロセスです。経営全般のことを考えるには難度が極めて高いですが、前述した7Sのフレームの一部を切り取って行なうことは比較的簡単です。人材戦略とか、更に絞って採用戦略・人材開発戦略まで落とし込むと、手触り感が得られると思います。7Sでの注力テーマを次に示します。

経営理念／ビジョン／ミッション→どう浸透させるかを検討する
経営戦略→例えばアンゾフのマトリクスを踏まえて領域設定して考える
組織能力→DX対応人材の能力把握が鍵
組織構造→ティール組織のような新しい形態を提案する
システム／諸制度→ジョブ型人事制度やDXを踏まえたオープンシステム等
人材能力→特にイノベーション人材の開発の必要性
組織文化→DX対応のために捨てる文化、残す文化を検討

事業の領域の観点で振り返るときには、アンゾフのマトリクスが参考になります。

図7-2　アンゾフのマトリクス

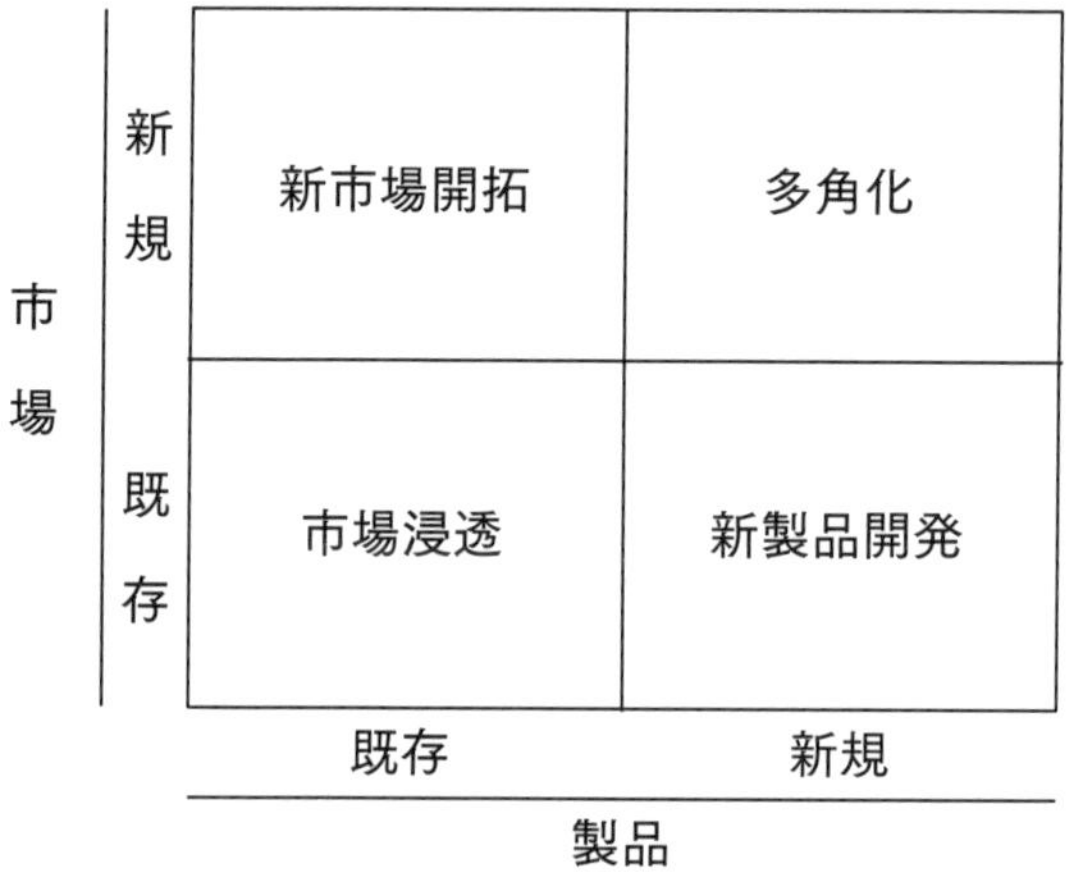

労働者と経営者の最大の違いは、部分と全体です。労働者は使用人から仕事を割り当てられ、部分を全うしています。いっぽう経営者は常に全体感で物事を捉えます。高い視座と広い視界で関係者を捉えていると思われます。この感覚は、恐らく社員にはないでしょう。これこそが経営の醍醐味ともいえます

経営を非常にシンプルに図示すると、左記のようになります。資本市場（金融市場）から資本を調達し、労働市場から労働力を獲得し、資本を回転させ、商品市場に対して価値を提供し対価を得る。そして、労働者には賃金を支払い、資本市場（株主・投資家）には収益の一部をフィードバ

図7-3 経営の概念図

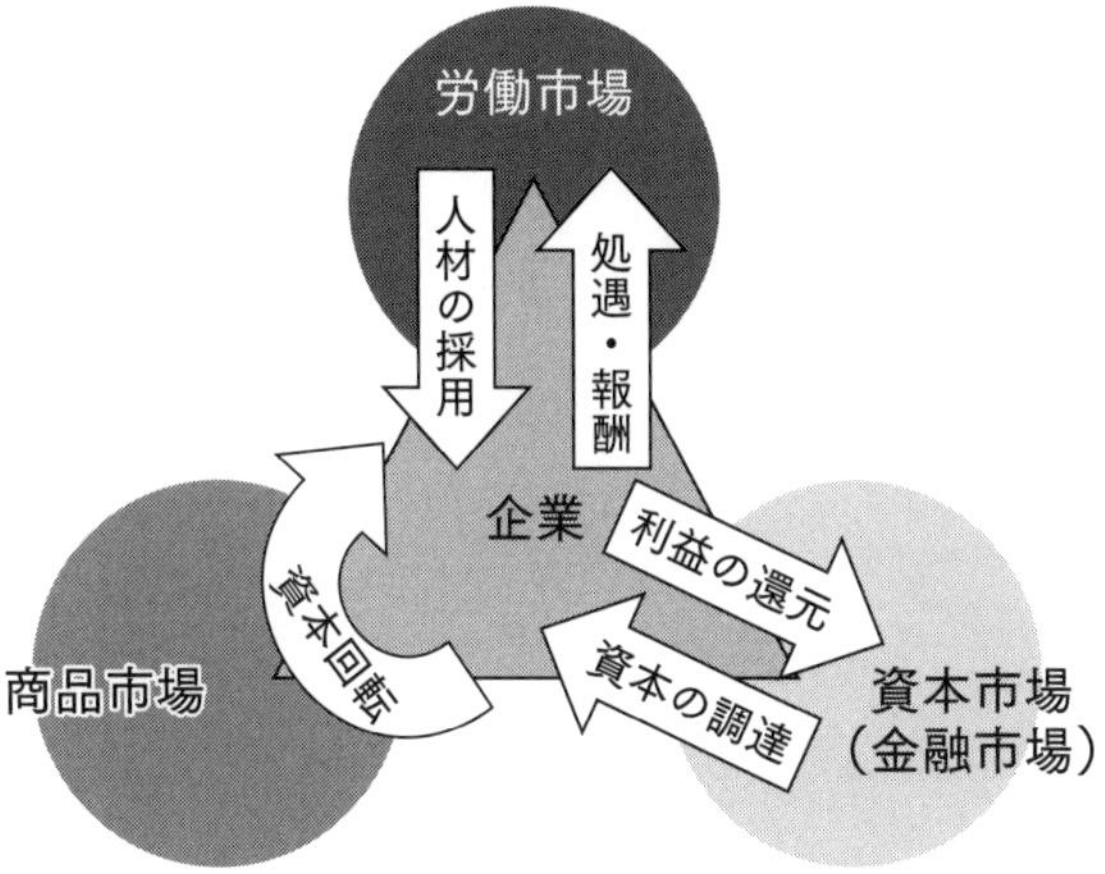

ックする、という構造です。この関係者とのコミュニケーションが経営と言っても過言ではないでしょう。

この全体を司ることに興味・関心があるのであれば、労使間越境をすべきです。

7 会社をつくり、経営者になる

経営者との対話を経て経営のダイナミズムと大変さが腹落ちしたところで、改めて自問自答します。経営者になるか否か？　次のステップがリアル労使間越境です。疑似的でなく、実際に労使間の越境をしてみましょう。えっ！　そんな簡単に経営者になれるの？　という方も多いと思います。では、具体的に会社を設立する流れを見ていきます。

会社には、株式会社、合名会社、合資会社、合同会社、ＬＬＰの5種類があります。出資形態や出資者の責任に従って分類されています。ここでは、最も一般的な株式会社について考えてみます。

株式会社を設立することはそう難しくありません。発起人を1名以上決め、会社名・事業目的などを決め、意志決定の仕組みを作り、印鑑証明書を準備し、株式払込口座を準備し、法人印を作成し、定款を作成・認証し、株式発行事項を決定し、株式を払い込み、取締役を選任し、資本金計上証明書を確認できれば、登記が成立し、株式会社ができます。20～30万円程度の手続き等に必要な費用がかかりますが、自分が発起人であれば、自身が使用者・経営者となり、労使間越境することになります。

会社設立のポイントは、その目的です。何のための会社なのか？　顧客は誰で、どのような価値（製品・サービス）を、どのように提供していくのか等が明確になっていなければなりません。それらを記載するのが定款です。そこには事業目的や活動内容、住所などの基本情報を記載します。

実際には、就業規則等で労働者の会社設立を認めていない企業もあります。とはいえ、副業・兼業規定が緩和されている流れの中で、皆さんの周りにも会社員でありながら会社をつくって活動している人はいると思います。なぜ会社をつくったのか？　目的は何か？　目標は？　経営者としての活動でよかったことは？　逆に大変なことはあるか？　といったことを事細かく訊くと、労使間越境の手触り感が見えてくると思います。また、人事部に副業・兼業の実際や事例等を詳しくヒアリングするのもいいかもしれません。会社に所属しながらも、会社をもつことができれば、労使間越境を体現することになります。合目的的な会社を設立することができれば、そこでの事業活動自体が、今の仕事に多くの好影響を与えることになると思います。労働者として仕事をしながら、経営者になることができるのです。

日本には360万社以上の企業があるといわれています（出典：総務省経済センサス活動調査2021）。経営者はひとりだけではありませんので、数百万人の使用者・経営者がいると思われます。いっぽう労働力人口は約6900万人です。（出典：労働政策研究・研修機構2021年）仮に日本の労働者が全員会社を設立したらどうなるでしょうか？6900万社の会社が生まれ、日本は企業大国になります。もちろん、それだけの数の会社の事業を受け入れる市場はないでしょうから、現実的ではありませんが、なんだかワクワクします。労働者が経営者としての見方・考え方を手に入れることは非常に有意義です。

僕の周りでは、ビジネス・パーソンをしながら副業として会社を経営している人が大勢います。今の仕事と競業するビジネスは基本的にはダメなので、全く関係ない領域で起業している人が多い。それは、新結合にとってはうってつけです。できるだけ遠くに跳んで、部分ではなく経営全般を、経営者として考え実行していく。それは間違いなく経営の血肉を得ることになりますし、次なるキャリア開発の契機になります。そして、彼らの最大の共通項は、〝好き〟で会社をつくって経営している、ということです。〝好き〟を副業で推進するうちに、副業が本業になった人も少なくありません。彼らと話をしていると、とにかく楽しそう。〝好き〟は大いなるエネルギーなのです。

8 今ある会社を買うことで、短期間で経営者になる

経営者になりたいけど、ゼロから立ち上げるのは色々と大変そう。そんな人には、会社を買う選択肢もあります。

会社を買うことで経営者になれます。会社は株主の所有物であり、総発行株式の3分の2以上を保有することができれば、会社は自分のものになります。労使間越境が実現します。個人M&Aです。でもどうやって会社を買うか？　ここでは具体的に会社を買って経営者になる大まかな流れをお伝えします。

・売りにだされている会社を探す

↓まず、売りにだされている会社を探します。おそらくこの瞬間にも販売されている会社は、非常に多いはずです。会社は売られているのです。

↓買うことができる会社を探す方法は色々ありますが、一番手軽なのはネットの活用です。「会社を買う」とか「個人M&A」などで検索すると、売りに出されている会社のリストをごく簡単に見ることができます。

↓個人で会社を買う場合には、億単位の予算を準備することは現実的ではありません。小さな会社の場合には、200〜300万円程度で売りに出されています。もちろん、売上や利益、保有資産によっては数千万円の値段がついている会社もあります。丁寧に案件を探し比較検討するといいでしょう。なお、ネット上のM&Aマッチングサイトでは、売買交渉・手続き、売買金額の授受なども、ネット上で済ませることが可能です。

↓ちなみに、経済産業省と商工会議所が運営している公的な「事業引継ぎ募集」もあります。個人でも、この「事業引継ぎ募集」を利用して、会社を買うことができます。これは、中小企業経営者の高齢化や後継者不足により、事業承継（事業を後継者に引き継ぐこと）が困難になっている経営者を対象とした、事業を第三者に引き継ぐための支援の仕組みです。全国47都道府県に「事業引継ぎ支援センター」が開設されています。相談をしてみるのもいいかもしれません。

・売り手と売買交渉をする

↓自分の希望する業種や事業を行なっていて、価格が予算内に収まっていて、価格も相場と比較して妥当な会社が見つかったら、売り手に対して売買交渉を申し入れます。「貴社を買いたい」という意向を相手に伝えるのです。マッチングサイトの場合は、相手にメッセージを送ることができます。

・秘密保持契約を締結する

↓売買交渉を依頼したら、「秘密保持契約」を締結します。「秘密保持契約」とは、売り手となる会社が、売買の参考となる会社の情報を、買い手が外部に漏らさないようにする契約のことです。売買が成立するまで、情報漏えいがあってはいけません。そのリスクに対応するためにも「秘密保持契約」の締結は必須です。

↓「秘密保持契約」を締結すると、対象となっている会社の基本情報や、行なっている事業に関する情報が細かく記載された資料（IM＝インフォメーション・メモ）を閲覧できるようになります。IMに記載された内容を全て、丁寧に確認します。そして、買いたいと思ったら、買収対象の代表との交渉に移ります。

・買収対象の代表と交渉

↓買収金額が数百万の場合は、概ね会社の売り手の代表者と直接交渉することになります。売り手側、買い手側の双方が、お互いの人となりや行なっている事業について理解を深める必要があります。近年は売り手側が高齢のため会社を手放すケースが増えていますが、売却理由を聞いたうえで、現状の事業運営や組織体制等も詳しく確認します。この段階で疑問点などがあれば、解消しておくことが大切です。そして、買収を行った後、自分がどのようにしてこの会社を経営していくのかのイメージを深めていきます。そのためにも、相手が信頼できるかどうかを、自分の目できちんと見極めることが大事です。

↓売買交渉では、会社の売買金額、従業員の雇用などのさまざまな重要事項を討議します。そして、交渉が成立したところで、「基本合意契約」を交わします。「基本合意契約」とは、最終契約の前段階で売り手・買い手が取り交わす合意書です。内容には譲渡価格、譲渡日、譲渡までのスケジュール等が含まれます。

・買い手によるデューデリジェンス（買収対象企業に対する事前調査）

↓「基本合意契約」締結後、買い手はデューデリジェンスを実施します。デューデリジェンスとは、買い手が企業買収の専門家に依頼して、買収対象企業の事業を始めとする状況や情報を収集・分析・検討する手続きのことです。

↓買い手は、デューデリジェンスによって、企業価値を評価する際に必要な情報や、売買取引に必要な手続き、買収の支障となりうる事象などを把握します。

・最終契約書の締結

↓デューデリジェンスの結果、買収する企業に問題がなく、基本合意通りに会社を買うことになれば、会社譲渡の内容や売買価格などを定めた「最終契約書」を締結します。

・代金支払い

↓「最終契約書」の締結後、買い手は買収費用を支払います。支払いが完了した段階で、会社は買い手に譲渡されます。会社が自分のものになり、個人M＆Aが成立します。労使間の越境をしたことになります。

9 個人M&Aのメリットとデメリットを熟考する

会社を買うことはできそうだけど、思った以上に大変なこともありそう。そんなときには個人M＆Aのメリットとデメリットを徹底的に考えます。ここからは個人が会社を買うメリットやリスクについて解説します。まずメリットです。

・個人資産を増やすことができる可能性がある

↓個人M＆Aのメリットは、個人資産が増える可能性があることです。買収によって資産を増やす内容は、役員報酬と会社売却が考えられます。

・役員報酬を得られる

↓買収企業が既に利益を生み出している場合、役員報酬を得ることができます。ケースバイケースですが、今の収入より増えることはあり得ます。

・会社を売却して売却益を得られる

↓買収した会社の経営状況を改善し、今まで以上に売上げや利益を伸ばし、成長させることができた場合、今度は売る側になることで、売却益を上げることも可能になります。

・不労所得化することができる

↓会社を買収することで、不労所得を得られる可能性もあります。不労所得とは、労働せずに得られる所得のことです。

↓すでに利益を生み出している会社であれば、会社自体が自分の所得を生む状態をつくりだすことができます。自分は働かず、会社が働いて、所得を得る、ということです。

・ビジネスの勉強になる

↓実際に経営者になり、事業を運営することほど手触り感が得られるビジネスの勉強はないでしょう。ビジネス・パーソンとして部分を執りおこなっていたことと、経営者として全体感を捉えることは決定的に違います。

・時間を買うことができる

↓一般的にM＆Aは時間を買うことができると言われます。既にある程度でき上がっている事業や会社を買うことで、買収企業がそれまでに培ってきた時間を一気に手に入れることができます。

こう書くといいことばかりに思えますが、リスクもあります。個人M＆Aのデメリットや注意点についても記します。

・買収企業の従業員や顧客のことを考える

↓購入する会社には、それまでに働いている従業員や、取引先やお客様がいます。

↓今までの社長から、いきなり見ず知らずの人が乗り込んでくるのをよく思わない従業員や顧客がいる可能性は、排他性が高い日本ではごく普通と考えるべきです。買収時には、関係者の感情面にも十分配慮する必要があります。

↓M&Aの理解が得られないと、優秀な人材が流出してしまうことは間々あります。また、M&A後に労働条件が変化した場合は尚更です。人材流出を防ぐためには、処遇の維持、評価や給与制度の見直し、将来の見通しなどの情報を共有し、従業員の理解・共感を得ることが大切です。

・簿外債務に気を付ける

↓企業買収の際には、簿外債務に注意します。簿外債務とは、貸借対照表には計上されていない債務です。

↓中小企業では、税務会計を実施して決算書を作成します。その際に、利益をできるだけ少なくしようとすることがあります。中小企業の貸借対照表では、未払い給与や賞与・退職給付引当金などが簿外債務として計上されることになります。会社を買収する場合、当然ですが簿外債務も引き継ぎます。訴訟絡みの簿外債務がある場合もあります。リスクがありそうな簿外債務が確認されたら、買収は控えるべきでしょう。

・会社が連帯保証人になっているかを確認する

↓被買収会社が連帯保証をしているかを調べなければなりません。小さな会社はオーナー個人が連帯保証をしたうえで銀行から借入をしているケースがあります。会社を買収すると、前オーナーが結んだ連帯保証も引き継ぐ必要があります。十分に注意が必要です。

この他にも、脱税や贈収賄に関わっていないかなどの確認は必要です。過度に恐れる必要はないと思いますが、十二分に気を付けて個人M＆Aは進めるべきです。

会社は株主の所有物であり、投資家にとっては売り買いの対象です。上場企業であれば、市場で当該企業の株式を購入することが可能です。いっぽう、会社では顧客に対して価値を提供し対価を獲得する活動は、社員が行なっています。所有と執行は別物とはいえ、当事者がいるのは事実です。資金があれば会社は買えますし、そうなると労使間越境は実現しますが、経営者として執行することに徹底してコミットすることは絶対的に必要です。

労使間越境のまとめ

1 「会社員」という言葉から、働くことを考える
2 資本主義の原則を考え、株式会社のリアルを知る
3 身近な経営者と対話し、経営の生々しさを得る
4 経営者の行動や思考を知り、視座・視界を共有する
5 自分と経営者を比較し、課題・解決策を提案する
6 経営者と対話し、得られたコトを振り返り、自分事にする
7 会社をつくり、経営者になる
8 今ある会社を買うことで、短期間で経営者になる
9 個人M&Aのメリットとデメリットを熟考する

労使間越境で獲得できるのは、対人対応スキル、ネットワーク、新しい知識、モノの見方の転換など沢山あります。労働者から経営者になる訳ですから、マネジメントをしなければいけません。人との関係性が強固になり、人脈も当然広がります。経営すると、新しい知識や知恵、視座・視界が手に入ります。大きな変化です。そして、何よりも経営の世界が好きであれば、日々がワクワクドキドキでしょう。

労使間越境をすることで、経営者になれます。責任は労働者時代の比ではありませんが、周囲の見方は間違いなく変わります。資本主義のダイナミズムを体現することもできます。

とはいえ、経営者になるにはある種の覚悟が必要です。自分ひとりの世界で閉じて生きていけるものではありません。資本主義は冷徹でもあります。自分はどちらが好きなのか？ どっちができそうなのか？ 労使の〝使〟が好きで向いていそうなら、労使間越境をすることで、今までとは全く異なるキャリアをつくることができるでしょう。

僕は労使間越境をしたことはありません。ただ、同僚の多くが独立して経営者になっており、その苦労や楽しさ・刺激を聞いてきました。彼らは言います。「自分はずっと雇われて生きていくのかと考えて、それはあり得ないという結論に至った。そのときから、経営者になる具体的な手段を徹底して考えて、実行していった」。自分がどちらの世界で生きていきたいのか、という意志をはっきり持っていたのだろうと思います。僕自身も、そろそろ本格的に労使間越境を検討しています。

Chapter 8

世代間越境

Intergenerational border crossing

職場以外の世界に関する「もやもや」を突破する

世代間越境

Intergenerational border crossing

「職場は好きだ。コロナ禍でテレワークも増えてきたけど、同僚と議論したり問題提起をしたりするのは楽しい。でも、それだけしかない気がする。もやもや……」

「家と会社を往復する毎日で、なんだか息苦しい。この前地元の祭りに行って近所の人と話したら、意外と面白かった。違う世界を持たないといけないかも。もやもや……」

「趣味がない。何か習い事を始めたいけど、忙しいし、探し方が分からない。そして、時間もない。こうやって歳をとっていくのだろうか？　もやもや……」

仕事に集中していると、会社以外の世界に目を向ける余裕がどんどんなくなります。コミュニティが職場に限定されていく感じです。授業、部活・サークル、研究室・ゼミ、アルバイトなど、学生時代の方が自分の居場所が多かった人もいるでしょょう。社会人は概ねゆとりがありません。そこに何かしらの焦りや「もやもや」が生じてきます。

職場以外の世界に関する「もやもや」は、世代間越境で晴らします。会社員であれば、仕事や職場をもっています。でもそれだけでは寂しい。他の世界が必要です。ボランティアやプロボノ、自治会やＰＴＡなどの会合に参加してみます。世代が違うと言葉が異なり、コミュニケーションは大変ですが、発見は沢山あります。キーワードは〝コミュニティ〟です。

世代間越境では、相手を尊重する気持ちが大前提です。年上・年下は関係ありません。世代が異なれば、時代経験や価値観も違います。違いの認識を持ち、相手とのコミュニケーションでは先ず自らが胸襟を開くことが大事です。あとは対話するのみです。

世代間越境で、世代を越えた世界に関する「もやもや」を突破してください。

1 異なる世代と話し、多様な考えを知り、自分に取り入れる

ずっと同じ仕事をしていると、飽きや〝焦り〟が生じてきます。いつも同じ人たちとの話で終始している。刺激がない。そんなときには社内でも違う世代に目を転じましょう。世代間越境です。

自分と同世代の人たちと話をすると、時代背景が共通していることもあり、安心感が得られます。入社同期同士だと、時が一瞬にして巻き戻され、ワイワイガヤガヤ楽しい時間を過ごせると思います。緩いスピードのキャッチボールをしている感じです。相手の人となりが分かっているので、ボールの投げ合い自体は概ね想定内で進みます。

いっぽう、世代が違う人と話すと、分からない言葉が沢山出てきます。例えば「ヤバい」。

もうかなり前になりますが、自社の採用イベントに駆り出されて、営業について50人位の学生を前に話したことがありました。１００人位の若手・中堅・ベテラン社員がブースに分かれ、それぞれの得意領域や興味関心事をプレゼンテーションしたのです。話を聴いた学生は、さまざまな社員のプレゼンの感想をメモに書いて、会場の中心に用意された壁に貼りだす仕組みになっていました。プレゼンした社員自身も、自分の話がどう学生に伝わったかを確認できるのです。そこにこう書かれていました。「井上功さんの話、ヤバい」。
「うーん、参った。やはり自分の営業観や過去のキャリアは、ひと世代以上違う人たちには参考にならなかったのだ。もう採用イベントで話すことはやめよう」。そう思ってしょげていました。たまたま近くにいた人事部の若手社員に、「こんなことを書かれてしまった。インパクトを与えられなかったみたいだ。すまない」と話しました。そうしたら、彼から意外な言葉が返ってきました。「功さん、ヤバいというのは最大級の褒め言葉ですよ」。

　このようなことは、同世代内では比較的起きにくい。**違う世代、できればひと世代以上違う人たちとのコミュニケーションの中に、何かしらのこれからのキャリアのヒントが詰まっています。**いきなり凄い変化球やスピードボールをもらうキャッチボールのようなものです。その刺激を自分が変化する糧にするといいと思います。

皆さんが若手世代であれば、違う世代の代表はいわゆる〝おじさん・おばさん〟世代です。自分をイメージしてあえて言うと、大体話が長く、自慢がちょいちょい入り、〝先輩だぞ〟感を醸し出してきます。正直、ウザいしクドいです。しかしながら、昭和・平成の生き証人でもあります。持論をもって関わると、何かがつながると思います。

逆に皆さんが中堅・ベテラン世代であれば、異なる世代は若手になります。彼らとコミュニケーションする際のポイントがあります。興味関心事を知る、教えるスタンスはやめる、自慢は一切しない、一緒に何かをつくるアプローチが有効、駄洒落やギャグも不要、飲み会もほどほどに……。あとは、清潔感のある服装や髪形などをちゃんとすることをおすすめします。

人がコミュニケーションをする際に、言語情報は7％、聴覚情報は38％、視覚情報は55％の割合で影響を与えているそうです。これをメラビアンの法則と呼びます。言語情報とは話の中身です。聴覚情報とは、声の大きさやトーン、速さや口調です。視覚情報は、表情や視線、ジェスチャーや身なり・服装・髪型などです。世代を越境する際に、もちろん対話の内容は非常に大事です。上記ポイントを肝に銘じながら話すべきです。その中身以上に大切なのが、聴覚情報と視覚情報への留意・配慮です。社内だからといって手を抜かず、きちんとした格好できちんとした話し方をすることで、世代間越境が上手くいきっかけとなるでしょう。

異業種の主に30代の社員が社会課題解決の新規事業を考える研修を開発しました。Jammin’といいます。毎年数十社・数百人の受講者がチームを組成し、教育・文化・防災・地方創生といったテーマ領域の課題を探索し、解決策としての事業案を半年間かけて考え抜くプログラムです。このプロジェクトは正に世代間越境です。20代から60代までの、それぞれの専門性を有した数十名の社員が、侃侃諤諤議論しながら、企画・開発・営業・納品・納品支援・プロモーション・評価などを行なっています。議論は主にオンラインで執り行われますが、心理的安全性の担保もあり、常に刺激的で豊かな時間となります。世代を越えて合目的的に議論することが奏功しているのです。このように社内にごく普通に世代間越境はころがっています。

2 ボランティアに参加して他者とつながり、自分と向き合う

会社の仕事には、生きるために稼ぐという目的もあります。ガチガチに固められているので息がつまることも多い。ちょっと肩の力を抜くことも必要です。ボランティアで世代間越境してみましょう。

阪神淡路大震災以来、日本でも一般化したボランティアは、世代間越境ができる手段のひとつです。厚生労働省は以下のように定義しています。

ボランティア活動は個人の自発的な意思に基づく自主的な活動です。活動者個人の自己実現への欲求や社会参加意欲が充足されるだけでなく、社会においてはその活動の広がり

によって、社会貢献、福祉活動等への関心が高まります。そして、さまざまな構成員がともに支え合い、交流する地域社会づくりが進むなど、大きな意義を持っています。
自発的意思、自主的活動、自己実現、社会参加、社会貢献、福祉活動、地域社会づくり、などがキーワードとして挙げられます。日本では災害時のボランティア活動が一般的です。通常のボランティアの多くは、専門性を必要とするものではありません。また、多種多様なボランティア一覧をウェブサイトで目にすることができます。

僕は40代で初めてボランティアに参加しました。それまでは仕事一辺倒で、ボランティアへの興味関心がありませんでした。２０１１年3月11日、東日本大震災がおき、壊滅的な被害を東日本にもたらしました。約３カ月後に、宮城県でボランティア活動を行ないました。内容は瓦礫の撤去や砂泥の除去といった作業です。ここで得られたことがいくつかあります。ひとつは地域の現状が現地・現物・現実として分かる、ということです。ボランティア自体はフィールドリサーチを行なうためではありませんでしたが、活動中に地域の方々と対話することで、必要とされていることの手触り感が分かります。自分とは二世代くらい違う人たちとの交流で、さまざまな気づきを得ることができました。

また、比較的単純作業をひたすら繰り返すことで、邪念・雑念が消え、そのとき考えていたことに集中することができたともいえます。今自分がやるべきことは何か？　自分の強みや価値は何か？　これからどうやって生きていくか？　自分がやりたいことは何か？といったことです。そのときの熟考が基になり、イノベーション領域の事業開発に着手しました。**ボランティア活動という越境が、自分と向き合う深い時間になった**訳です。

ボランティア活動を世代間越境として位置づけて、内省したり、未来につなげたりするケースを記しました。たかがボランティア、されどボランティア。徹底的に関わることで見えてくることがあり、その後のキャリア開発のきっかけになると思います。

僕の場合は事業開発につながるひとつのきっかけとなったボランティアですが、実際に地域間越境し、新しい法人をつくり、所属していた会社を辞めて、復興に完全にコミットし、ボランティアをきっかけにして事業を立ち上げた人がいます。公益社団法人モリウミアスの理事を務める油井元太郎氏です。

彼の越境の流れです。

- 東日本大震災のボランティア活動で仙台での炊き出しに参加
- 宮城県石巻市雄勝町との出会い
- 雄勝町で教育支援の活動を開始
- 石巻市教育委員会等の協力
- 若手行政官の研修を実施し、廃校になっていた元桑浜小学校を再発見
- 世界で唯一無二の学び舎として、桑浜小学校をMORIUMIUSに再生、現在に至る

油井氏はこの越境を経て、雄勝の豊かな森と海と里で暮らす体験を通じて、サスティナブルに生きる力を育む複合体験施設をつくったのです。正に越境の達人といっていいでしょう。

近隣のコミュニティへのアクセスにはじまり、貧困や高齢者問題等のさまざまな社会課題を自分ごととして捉え、ボランティア活動で越境することにより、世界がかわり、自分を見つめなおすことにつながります。

3 プロボノに参加して、自分のスキルを磨き、社会に貢献する

仕事をしてきて、かなり専門性が身についてきたけど、それを活かす先はもっとあるのではないかと思っている人も多いでしょう。そのときは、プロボノをおすすめします。

プロボノが近年市民権を得つつあります。**プロボノとは、さまざまな分野の専門家が、持っている専門知識やスキルを無償提供し、社会貢献するボランティア活動**のことを指します。ラテン語で「公共善のために」を意味するpro bono publicoの略であり、元々は弁護士が無報酬で行なう公共事業や法律家としての活動から始まったようです。

プロボノに参加してみるのも、ひとつの世代間越境といえます。今の仕事をしながら、社会課題解決に勤しむソーシャルセクター（社会課題解決を目的とした組織・団体）に対し

て、週に数時間程度自らの持つ専門性を提供するというものです。

プロボノでの専門性はどのようなものがあるでしょうか？ 弁護士のボランティア活動が起源ではありますが、近年は提供する専門性の幅が一気に広がり、事業計画立案・マーケティングリサーチ・事業評価といった経営戦略立案、営業資料作成や寄付管理、業務フローの見直しや業務の可視化・マニュアル化のような業務改善、ウェブサイト構築・印刷資料作成・映像制作といったデザイン・広報、人事制度構築や組織体制づくりなど、非常に多岐にわたります。このような業務の中で、自分が培ったスキルや経験が何かしら活かせるとしたら、プロボノに参加してみるのもおすすめします。

明確な資格や技術がない人にとって、最初は敷居が高いでしょう。まずは、どんなソーシャルセクターが、どんな支援を求めているかを、プロボノ支援団体のウェブサイトなどで確認します。必要なスキル・経験・知識に加えて、実際のプロボノの活動にかかる期間・時間や負荷、プロジェクトチームの様相、成果などが、事例も交えて紹介されています。稼働時間は概ね週5～6時間で、期間は3カ月から半年くらいが多いようです。チームは5～6名で構成され、スタート時には見ず知らずの状態から始まり、NPOや地域団体の課題を丁寧に解きほぐし、解決していきます。

プロボノに参加するのに基本的に年齢制限はありません。必要な専門性の内容にもよりますが、比較的世代間の越境につながると思います。また、自分の知識・スキル・経験が実際に役に立つ実感がわき、かつ他の専門性を有するメンバーとの交流で得られることも多く、ソーシャルセクターの課題にも入り込めるので、さまざまな新結合の基盤になると思います。経済成果に関わる7つの越境とは違い、プロボノはボランティア活動なので金銭的対価は得られませんが、今まで以上に豊かな社会生活とネットワークを得られます。まずはプロボノ支援団体が主宰する説明会に参加するといいでしょう。

僕はプロボノに参加したことはありませんが、近い越境としてNPOや公益社団法人の活動に加わったことはあります。前項で紹介した公益社団法人モリウミアスとの協働です。子供たちの好奇心と探究心を刺激する自然学校ともいうべきモリウミアスですが、都会の子供を長期間宮城県石巻市雄勝町に呼ぶために、春夏冬休みが活動の中心となります。それ以外は閑散期となっていました。そこで、地方創生をテーマにした体験型の企業研修を油井氏と企画しました。CISL雄勝（Collaborative Innovation Session for Local Revitalization）といいます。異業種の大手企業のビジネス・パーソンが、雄勝町の地方創生プランを現地で考え抜く研修です。

そこでは、地域のさまざまな世代の人たちとの交流があります。モリウミアス×リクルートマネジメントソリューションズの新結合であり、世代間越境の体現です。このＣＩＳＬ雄勝は、かたちを変えて今も実施しています。

4 自治会等に参加して、世代の違いを認識し、目的を共有する

世代間越境のチャンスは身近に沢山あります。例えば、マンションの管理組合や町内会といった自治会への参加です。住んでいる地域や場所等よって異なりますが、参加者は20代〜80代くらいまでかなりの世代の幅があります。ビジネスの世界とは異なり、決めごとにはじっくり時間をかけますし、ものごとはゆっくり進みます。時にはそれが合理的ではないと思われることもありますし、焦れることもあろうかと思います。ただ、住民がよりよい生活をするために、という目的は皆さん同じです。世代はもとより各々の世帯が置かれている状況がさまざまですので、主張はそれぞれです。参加者がどのような発言をするのか？　その背景にあるのは何か？　特徴や傾向は？　等を考えながら議論に参加すると、

何かしらの気づきや発見があると思います。

この自治会、意外に世代を越えて話が盛り上がります。夏祭りをやろう、子供たちのために何かやろう、といったつながりができたりします。世代間越境の成果です。

自治会の歴史をひも解くと、非常に興味深い事実にあたります。経済が発展し国力が高まってくると、国策を徹底するために行政の補助団体として町内会が組織されるようになりました。太平洋戦争後の昭和22年5月、日本全国の町内会などの自治組織は全て解散させられました。解散から僅か3カ月以内に、日々の生活を維持し安全を守るため身近な人とのつながりは必要との意識から、8割の自治会が再建されています。

その後、高度経済成長に伴い、生活様式が家を中心とした地域的つながりから、個人に立脚するものに変わり、自治会の役割も変化してきました。ここにきて、災害時の互助活動や、少子高齢化に伴う地域福祉の担い手として、自治会が見直されるようになっています。自治会への積極的な参加は、世代間越境であり地域で生きていくための基盤ということができるのです。ややこしそうなことが多そうな印象はありますが、世代間越境としての自治会への参加、おすすめです。

自治会と共に世代間越境の活動としてPTAが挙げられます。子供を巡る集まりなので、自治会ほどは世代が離れることはありませんが、集まる人たちは多士済々。地元の小中学校では、さまざまな職種の人たちが参加してPTAを運営していました。僕のような会社員も業種・職種はさまざま。金融、商社、流通・小売り、情報サービス、メーカー、公務員の方もいました。また、農業や漁業・林業の従事者や自営業の方々も多かったです。美容院、クリーニング店、食堂を営んでいる人たちや、寺社の僧侶の方もいました。まさに職種の縮図でした。

自分にとって、自営の方々の話は刺激的でした。例えば地元の豆腐店の経営者とのPTAの会合の延長でこんな話になりました。

「今まではご近所の馴染みが毎日買ってくれてたので、製造個数は勘で決めてた」
「自分がつくる豆腐には自信があるが、どれだけの価値があるか分からない」
「スーパーで売っている豆腐を買ってきて、食べ比べをしてみた」
「控え目にいっても、自分の豆腐はかなり美味しかったし、いけていると思う」
「苦汁や水、大豆自体にも徹底的に拘っているので」

「今は1日に大体100丁つくっている」

「設備の関係で200丁までは増やせそう」

「地元のお得意さん以外にも売りたいけど、どうすればいいか分からない」

「ECで販売するのはどうか？」

「それはどうすればいいのか？」

「案ずるより産むが易し。やってみよう」


こんな会話だったと思います。2005年くらいのできごとでした。その後、この豆腐店は規模を拡大して、事業を成長軌道に乗せています。

会社員として仕事をしていた僕にとって豆腐づくりの話は面白かったし、豆腐店の経営者の彼にとってはEC展開のきっかけになりました。豆腐づくりや豆腐のマーケティングの話は、普段仕事をしているコミュニティからはほぼ生じません。世代間越境と交流・交換は、思わぬところから投げ込まれるボールが楽しい。そして、相手にも直球や変化球を投げることで、越境が活性化すると思います。身近にある世代間越境、直ぐにでも始められるものがあるはずです。

世代間越境のまとめ

1 異なる世代と話し、多様な考えを知り、自分に取り入れる
2 ボランティアに参加して他者とつながり、自分と向き合う
3 プロボノに参加して、自分のスキルを磨き、社会に貢献する
4 自治会等に参加して、世代の違いを認識し、目的を共有する

世代間越境で獲得できることは、ネットワークとモノの見方の転換です。ボランティアやプロボノ、地域の自治会やPTAなどへの参加で、会社や職場での人間関係以外のつながりが得られます。会社人間には特に必要なものです。また、世代が異なる人たちとの対話で、自分とは違う考え方や視点に気づきます。分からない単語がでてくることもあり、そのたびに何かしらの気づきや発見があることでしょう。

世代間越境することで、自分のコミュニティが増えます。男性はコミュニティをつくったり

参加したりすることが比較的苦手かもしれません。定年後に燃え尽き症候群になってしまう人もいます。長いキャリアの中で、会社以外のコミュニティを持つべきでしょう。いっぽう、女性は女性同士で直ぐに仲良くなる傾向にあります。僕の身内を見ていても、食事や旅行に軽やかに飛び出していきます。見ていて頼もしいし、少し羨ましくも思います。人生100年時代、仕事から離れたときも意識しながら、世代間越境を基にした交流・交換をすることで、自分の居場所をつくることができます。

僕は入社以来ずっと顧客接点で営業してきました。若いときにはお客様が中堅企業の経営者であることが多く、今のお客様は自分より若い世代の人たちです。その意味で、仕事で世代間越境をしてきたといえます。

いっぽう、会社以外のコミュニティにはあまり参加してきませんでした。今になって少し悔やまれます。そこで、コミュニティの基点となる〝場〟をつくろうと思い立ち、京都にコミュニケーション・スペースを立ちあげました。今まで培った社内外のつながりを活かして、この〝場〟でわいわいがやがや盛り上がったり、新しい価値やイノベーションについて侃侃諤諤議論したりしながら、これからの時間を過ごそうと思っています。その鍵を握るのは世代間越境です。多種多様なバックグラウンドをもったさまざまな人たちとのつながりこそが、宝物といっても過言ではないでしょう。

Chapter 9

地域間越境

Geographical border crossing

今住んでいる場所に関する「もやもや」を突破する

地域間越境

Geographical border crossing

「会社はオフィスを縮小している。フリーアドレスで自分の席もなくなった。会社や職場と自分との関係も変わってきているのかな？　もやもや……」

「コロナ禍でほぼテレワークに。出社義務がなければ、ここに住む必要もない。田舎暮らしもあるかも？　もやもや……」

「地方創生ってよく言われるけど、どうやら人口が増えている地方もあるらしい。家賃や生活費はとても安そうだけど、教育とか医療がちょっと心配。もやもや……」

仕事や住んでいる場所を巡るこのような「もやもや」は、コロナ禍以降増えていると思います。概して都市圏は地域と比べて、家賃や生活費が高く、居住スペースは狭く、自然環境は豊かではなく、通勤時間は長く混雑していて大変なことが多い。行政サービスや医療・娯楽・文化施設は総じて都市部の方が揃っていますが、特に都会に住んでいる人にとって、現在の居場所に関する「もやもや」はあると思います。

今住んでいる場所に関する「もやもや」は、地域間越境で晴らします。場所を変えてみましょう。職場や自宅以外の第三の場所（サード・プレイス）を持ったり、ワーケーションをしてみることから始め、住む場所を大胆に変えてみます。空気が変わると自分が変わります。キーワードは〝柔らかな時間〟です。

地域間越境では、環境対応能力が必要です。いる場所が変わると、外部環境が大きく変わります。〝空気感〟も異なるでしょう。環境変化を何かしら楽しむ気持ちが前提として求められます。また、新たな場の人たちとのつながりを求めたい気持ちがあるといいでしょう。

地域間越境で、今住んでいる場所に関する「もやもや」を突破してみてください。

1　サード・プレイスを持ち、リフレッシュしてエネルギーを得る

会社では常に気を張っているし、家ではほとんど寝ているだけ。そんなひとにはまず、サード・プレイスを持つことをおすすめします。

サード・プレイスとは、居住している場所（ファースト・プレイス）と、働いている場所（セカンド・プレイス）とは別の、三番目の居場所です。我々ビジネス・パーソンは住んでいるところと職場の往還が基本でした。朝出社して、オフィスで仕事をして、帰宅して自宅で過ごすことを、ウィークデーでひたすら繰り返してきました。生活の場・仕事の場それぞれに求められ期待される役割があり、それをまっとうしてきた訳です。それらは時には窮屈でストレスが溜まり、息がなかなか抜けないこともあります。そこで、現代人には

第三の居場所が必要との考えを、アメリカの社会学者レイ・オルデンバーグ氏が提唱しました。

サード・プレイスは、オープンで心地よく、利害関係なく、平等で指揮命令系統はなく、常連がいて、会話のトーンは軽やかで、気軽にコミュニケーションができる、といった特徴を持ちます。その空間は緩やかな空気に満ちていて、フレンドリーであり、飲食ができ、アクセスがしやすい場所です。イギリスではパブが、フランスやイタリアではカフェがサード・プレイスの役割を担ってきました。日本ではいきつけの居酒屋もサード・プレイスということができそうです。ある種の地域間越境でしょう。

サード・プレイスのメリットを掘り下げてみます。

一番目が新たな刺激や学びを得られることです。職場や家庭では、その関係者とは比較的強いつながり（Strong Ties）を持ちます。そして、コミュニケーション・コストを下げる圧力が働きます。〝あ・うん〟の呼吸です。「風呂」「メシ」「寝る」の三語で生活できると揶揄されるように、会話が短縮化・省略化されます。そこに気づきはありません。

サード・プレイスでは違います。人間関係は固定化されず、職業や性別、出身地などが異なるさまざまな人たちが集います。この弱いつながり（Weak Ties）から生まれる刺激や学びは、場の緩やかな空気感と相まって、得難いものになるでしょう。

二番目のメリットはリラックス効果です。サード・プレイスでは明確な役割や果たすべき機能がありません。弱いつながりを持つ人たちが、お互いを余り知らない中で会話します。相手がどのような人かが分からないことで普段行なっている前提を持ったコミュニケーションが外れ、肩の力を抜いて話ができます。過剰な遠慮や配慮、謙遜をすることなく、リラックスしていくのです。

三番目は新たな出会いです。多種多様な人たちが訪れる場所なので、普段仕事上では出会えない人と話す機会が得られそうです。元々サード・プレイスは緩やかな雰囲気の場所なので、出会いそのものもごく自然になされそうです。誰かとの心温まる交流を求めて集合離散する場所だからこそ、固定的な関係集団ではない人たちとの出会いがあるのでしょう。

地域間越境としては一番ハードルが低い、サード・プレイスへの越境、すぐにでも実践できると思います。自分がリフレッシュしていくことに気づくと思います。

会社の元同僚が経営している居酒屋があります。そこには会社の先輩・同僚・後輩が、友だちや関係者を連れて顔をだします。僕にとってそこはサード・プレイスです。一人で行ってカウンターに座って飲んでいても、常連同士はつながれますし、知らない人でも何かしら共通の話題があり話は大体盛り上がります。話しているうちに、何か一緒にやらない？ということになることも多く、新結合の基点としても緩やかに機能しています。尤も、元同僚の人たちが多いので、働いている場（セカンド・プレイス）のようになるときもありますが……。それもまたご愛敬です。

また、会社のOB・OGが集まる場もサード・プレイスとなり得ます。例えば、○○倶楽部と称したリタイア後の人たちが集まるサロンのようなところがあります。大手企業が所有・運営していることが多いようです。ここもまた、セカンド・プレイス的ではありますが、目標や予算を達成すべくやっきになっていた時期に比べて、穏やかな時間が流れていることでしょう。

ゴルフ場もサード・プレイス的です。大手金融機関に勤めていた高校の同窓と一緒にゴルフにいったとき、クラブハウスで何人もの人が彼にフランクに声をかけていました。「こういうネットワークもあるんだなぁ」と思った記憶があります。

見回してみるといろいろありそうなサード・プレイス。ぜひ自分のサード・プレイスを見つけてみてください。

2 ワーケーションで、自分をリセットする

テレワークが認められている会社であれば、条件はあるかと思いますが、仕事をする場所は自宅以外でもよさそうです。おすすめはワーケーションです。

ワーケーションとは、ワーク（労働）とバケーション（休暇）を組み合わせた造語で、観光地やリゾート地で働きながら休暇を取る過ごし方です。

元々2000年代にIT技術の進化と共に欧米で広まっていきましたが、働き方改革の必要性とコロナ禍によって日本でも脚光を浴びています。ワーケーションができる仕事は限定的ですし、勤怠管理や労働災害認定の観点で認めていない会社もありそうなので、十分な確認が必要です。

いっぽうで、環境省や農林水産省もワーケーション関連予算を計上しており、リゾートマンションやコンドミニアムの空き物件を施設として提供する事業者があったり、全国に点在する古民家物件を定額制で利用できるサービスが登場したりするなど、一時的な地域間越境としての流れができつつあります。JR東日本などの旅客関連企業がワーケーションを後押しして優遇プランなども展開しています。

ワーケーションにはどんなメリットがあるでしょうか？

オンモードで日々仕事をしているウィークデーは、何かしらの緊張を強いられますが、ワーケーションでは神経が弛緩しゆったりしている状態の中に、時々〝仕事を入れる〟という感じです。目の前が海や森だったり、新鮮な空気や地域の雰囲気を五感で感じたり、自然の幸を頂きながら、肩から力が抜けて、自己がゼロにリセットされていきます。脳内の受容体が活性化して、普段とは違った考えや発想が思いつきそうです。

このモードが変わることはアンラーニングに寄与しそうです。アンラーニングとは、これまで学んできたことや知識を捨てて、新しく学び直すことをいいます。所属している会社の就業規則を確認したうえで、ワーケーションを積極的に実践している人にエピソードや変化を訊くといいでしょう。一時的な地域間越境としてのワーケーション、おすすめです。

コロナ禍以降、働く場所の制約条件は、wi-fi等の通信環境の整備による、オンライン・コミュニケーションができることが中心になりました。そこで、実際にワーケーション的な時間を過ごしてみました。場所はモリウミアス。宮城県石巻市雄勝町にある施設です。普段はワーケーション施設として開放している場所ではないのですが、出張してモリウミアスの油井氏と一緒に仕事をしたあと、延泊して1日バケーションをした訳です。

モリウミアスには子供用の宿泊施設棟と、大人用のAnnex棟があります。双方共、通信設備は充実しており、オンライン・ミーティングは何のストレスもなくできました。宿泊もごく普通のホテルのようですし、生活するのに不便や不満はありません。

そして、何よりご飯が美味しい。三陸の海の幸が朝昼晩沢山食卓に並びます。地酒も豊富。季節は冬の終わりでしたので、空気が凛としていて澄んでいて、静かでした。パソコンで作業をしていて、ふと窓の外に目をやると、三陸の海が遠くに見えて、落ち着きます。心なしか、仕事の効率も高まりました。また、現地で同僚と打ち合わせをしましたが、これがまた意識が拡張したせいか、談論風発でとても盛り上がりました。夕方から始まり、深く議論したあとで、ご飯を食べて露天風呂に入り、月を見ながら温まり、その後夜半まで語り合っていました。出張でしたが、ワーケーション気分を味わうことができました。

3 別荘を持つことで、肩の力が抜けた時間を得る

都会の生活にちょっと疲れた、元々自然に囲まれて生きたいと考えていた、そんな人には別荘も選択肢に挙げられます。

地域間越境のひとつの方法として、別荘を持つことを考えてみましょう。自宅と別荘を往復し、地域を越えて生活するというものです。別荘といえばお金持ちのイメージがあるかと思います。実際、2019年の総務省の調査では、別荘の世帯普及率は1％を下回っています。別荘は一般的なものではないのです。

もともと日本の別荘は天皇や貴族が本宅とは別に風光明媚な場所に別宅を建てたことから始まります。天皇の別荘の代表例として桂離宮があります。経済発展と共に開発が進み、

軽井沢、蓼科、那須、清里、芦屋、宝塚などの別荘地が生まれました。その後、所得の伸びと相まって別荘も一気に普及していきましたが、１９９０年代にバブルが崩壊し、そのあり様が大きく変わりました。富裕層のニーズや暮らし方の変化もあり、以前のような避暑地としての別荘はそのブームが去り、みだりに開発を行なった新興別荘地は廃れつつあります。

そして、今や日本は〝安い国〟。ニセコエリアのリゾートマンションやコンドミニアムなどは例外ですが、概ね日本の別荘は大バーゲンセール状態です。別荘の売買仲介サイトをみると、百万円以下で所有できる別荘はゴマンとあります。もちろん、管理費や修繕積立金が異常に高かったり、流動性が極端に低かったりすることがその低価格の理由だったりしますが、都市部とは比較にならない値段で別荘を手に入れることができます。

自宅があり別荘を持つと、平日は自宅、週末は別荘での生活になると思います。静かで自然に恵まれた場所で、週末のんびり暮らしながら気分を入れ替え、オンでは仕事モードで、都市部で働く暮らし方です。

いっぽう、コロナ禍を経てこの状態が逆の場合がでてきました。平日は別荘でオンラインを活用して働き、週末に都会に出て充実した娯楽を愉しむという暮らし方です。このパターンだと別荘地までの移動が通常とは逆となり、渋滞も避けられそうです。別荘地の周りで前述したサード・プレイスのような場所があれば、尚更豊かな生活を送ることができそうです。

別荘ライフ、以前に比べて実現の可能性が高まっているといえます。所有ではなく、借りる、という選択肢もあるからです。都会の賃貸料とは比べ物にならないほどの費用で、一軒家を借りることができます。他者が所有している別荘を期間限定で借りるバケーションレンタルの仕組みも以前に比べて充実してきています。また、自宅を売却して別荘に転居することも考えられます。別荘を基点にした地域間越境、検討の余地がありそうです。

僕は別荘を持ったことはありませんが、南房総に父親が別荘を所有したことがありました。ゴルフ場に併設されたバブルの頃に開発された別荘地の一角の平屋を、父がバブル後に中古で購入し、夏休みや正月に家族で過ごしていました。自分のものではありませんでしたし、その頃は激務だったので何日も過ごした訳ではなかったですが、それでも何かしらのゆとりを感じました。漁港まで車で5分ほどで行けますし、そこでは磯釣りができました。傍のゴルフ場で何回かラウンドしたこともありました。以来、別荘ライフには憧れます。〝安い日本〟が追い風でもあります。

また、別荘がある地域にしてみれば、きちんと機能している別荘であれば関係人口が増えます。地方創生の観点からは好ましい。別荘の需給状況を踏まえた巨視的な越境は、人口減少に掉さす施策として機能するかもしれません。

4 移住により、生活スタイルを変え、自分を見つめなおす

ほぼ全面的にテレワークに移行した仕事に就いている人には、他の地域への移住がいいかもしれません。

僕は、90年代後半から仕事のスタイルが夜型から朝型に変わりました。通勤時間が1時間半程度かかっていましたが、7時にはオフィスに着いて仕事を始めていました。通勤電車は空いていて楽でしたし、早朝の職場は人が少なく、電話もほとんどかかってこないため、始業時間前に一仕事終えられていました。しかしながら、毎日往復3時間は通勤に費やしていた訳です。就業規則に社員の出社義務が規定されていたので、仕方ありませんでした。

２０００年代に入り、始業・終業時間の自由度が高いフレックスタイム制が普及してきます。２０１０年代後半には、Teams や Zoom などのオンライン会議システムの進化に伴い、テレワークを導入する企業が増加します。この流れが、コロナ禍で一気に加速します。業種・職種によって傾向が大きく異なりますが、多くの会社がテレワークを仕事の前提としています。オフィスに出社しなくても、仕事が成り立ちます。事実、僕は昨年は５〜６日しかオフィスに行きませんでした。仕事は殆どがオンラインで完結します。

現場が目の前にある生活や産業を支える基盤としての仕事は、テレワークではできません。また、面着のコミュニケーションが手触り感を高めることも大いにあろうかと思います。メラビアンの法則の面目躍如ということでしょうか？　いっぽう、ＶＲ・ＡＲ等の技術進化に伴い、メタバースでのやりとりや経済効果にも急激に注目が高まっています。この流れは加速することはあれ、減速したり終息したりすることはありません。

どんどん出社義務がなくなる方向に向かうと、オフィスからの通勤時間を踏まえた居住地の選択の幅が一気に広がります。ネットワーク環境が整っていることが前提ですが、房総の館山や小田原・熱海、北海道のニセコや与那国島といった地域に住みながら、通勤することなく仕事が成立します。日本には時差がありませんので、それも好都合です。実際、三大都市圏では人口は減少しており、軽井沢町（長野県）や南城市（沖縄県）、菊陽町（熊本県）などの人口が増えています（出典：総務省「住民基本台帳に基づく人口、人口動態及び世帯数」2022年）。

この地域間越境は、さまざまなメリットをもたらします。広い家、驚くほど安い家賃や物価、豊かな自然環境、新鮮な食べ物や飲み物……。もちろん、受けられる行政サービスが都会に比べて劣っていたり、医療体制が脆弱だったりすることはあるかも知れません。劇場や映画館、美術館や博物館などの文化施設も充実していないでしょう。ミシュランガイドに掲載されるレストランも圧倒的に都市部に存在します。でも、それ以上に得られる豊かさはあると思います。そして、人とのつながりも間違いなく強固になるでしょう。

都市部から地域へ思い切って引っ越すことは、地域間越境として有効です。僕の知人でもこのような越境を実践している人が多くいます。

東京から千葉県いすみ市に引っ越して、自然豊かな環境の中で大地と触れ合いながら、地域社会に積極的に溶け込んで豊かに暮らしている人。

住居や住民票、自分が経営している会社の登記自体も石垣島に移して、現地で新しいビジネスを始めている人。

都会のど真ん中で大手企業の経営参謀として激務をこなしていたが、ふと自らを振り返り、「このままだと何かを失ってしまう」ということに気づき、会社を辞めて福岡県糸島に移住した人。

各々が置かれていた状況はさまざまですが、彼らと話していると、地域間越境を最大限楽しんでいるように思いました。

日本は高度経済成長期に、人口の大移動がありました。１９５０年に30％程度だった三大都市圏の人口は、２０２０年には50％を超えるまでになっています。日本の人口の過半数が東京・名古屋・大阪圏に住んでいるのです。そして、この人口流入度合いとＧＤＰの成長率は符合します。地域から都市部への人口流入が経済成長を支えてきたことになります（出典：厚生労働省人口動態調査２０２１年）。

これからは地域間越境を実践することで、地方創生を促進する必要があります。人口減の流れはなかなか止められませんが、人口を平準化することで地域のポテンシャルを高めることはできます。この意味からも、転居を伴う地域間越境は推進していくべきかと思います。

地域間越境のまとめ

1 サード・プレイスを持ち、リフレッシュしてエネルギーを得る
2 ワーケーションで、自分をリセットする
3 別荘を持つことで、肩の力が抜けた時間を得る
4 移住により、生活スタイルを変え、自分を見つめなおす

地域間越境で獲得できることは、モノの見方の転換とワクワク感です。都会と地域では時間の流れ方が違います。横断歩道を歩く人々のスピードでさえもかなり異なります。経済価値や経済効果のものさしも変わります。人々の生き方やそのペースが違います。総じて〝柔らかな時間〟が流れています。ものの見方や考え方も異なります。都会で見失っていたことが地域で実感できることがあります。また、あくせくした都会とは違う種類の楽しさが得られそうです。緩やかなワクワク感とでもいうべきでしょうか？　緊張した精神がいい意味で弛

緩していきます。

地域間越境をすることで、〝何かに追われている感〟が解消していきます。今までの自分が何だったのか？　と思えるようになるでしょう。大前研一氏は人生を変える方法として、「時間配分を変える、住む場所を変える、付き合う人を変える」（『時間とムダの科学』プレジデント社、2005）と提唱しています。住む場所を変えることで、自分を変えることはできます。とはいえ、今の仕事もあるし、人によっては家族もあります。慎重に考えることは必要です。そして大胆に実行すると、新しい自分に出会える可能性があります。

若い頃の僕は住む場所に対するこだわりはほとんどありませんでした。独身寮は5畳程度のワンルームでしたし、社宅も2DK40㎡くらいのマンションでした。通勤時間は1時間〜1時間半程度で、通勤ラッシュはひどいものでした。それでも気にならなかったのは、家は単に寝に帰る場所だったからです。今は変わりました。犬を飼い始めたことが大きいですが、家の周りの環境を重視するようになったのです。近所を散歩しながら深呼吸し、木々や路傍の草花を眺め季節の移ろいを感じ、時には自転車を走らせ風を切ります。住む場所がとても大事になりました。何度か引っ越して、今は理想に近い場所に住んでいます。地域間越境の結果ということができます。

Chapter 10

国家間越境

日本を巡る「もやもや」を突破する

Crossing the border between countries

国家間越境

Crossing the border between countries

コロナ禍もあり、海外赴任者が減っているらしい。元々海外志向はあったから、今はチャンスかも。だけど、日本を飛び出すのはちょっと不安。もやもや……」

「うちの会社はドメステックだ。世界市場に進出する気はないのかな？　もやもや……」

「日本は好きだけど、少し息苦しい。世界には200くらいの国がある。自分はずっと日本で暮らす？　もやもや……」

こんな「もやもや」はありませんか？　世界の人口は約80億人。日本は1億2400万人程度（総務省統計局2022年）。ごく一部です。世界の面積は約1億3600万㎢。日本は約37万8000㎢なので、世界の0・28％に過ぎません。ちっぽけな島国である日本を巡る「もやもや」は、沢山あると思います。戦後の高度経済成長期を経て、世界有数のGDPを誇る強い国ではありますが、自分と日本を考えたとき、将来への不安を抱え「もやもや」してしまうこともあります。

日本を巡る「もやもや」は、国家間越境で晴らします。海外出張、海外研修、海外赴任、MBA等を取得するための海外留学やJICA海外協力隊なども国家間越境です。異国での経験は相当タフですが、刺激的な時間が待っています。

国家間越境では、越境先の人たちに対して何かを伝えたい気持ちが何より大切です。相手に何かを〝分かって〟もらうことが基点です。簡単ではなさそうです。コミュニケーション不全はストレスであり、辛いこともあります。でも、相手も人間です。〝分かって〟もらえるはずです。折れない気持で臨むべきです。

国家間越境で、日本という国に対する「もやもや」を突破してみてください。

1 バーチャルで国家間をまたぎ、海外の〝感じ〟を獲得する

国家間越境はハードルが高いと思っている人には、疑似的なものがおすすめです。

オンラインで国を飛び越えて越境をしてみてはどうでしょうか？　ネット上でごく自然に、会社の同僚やお客様・関係者と、国境を越えた打ち合わせや会議を行なっている人も多いと思います。海外に居住する友人とつながっている人も多いでしょう。バーチャルな国家間越境ということになります。

バーチャル国家間越境のポイントは、海外のコミュニティにあります。現地で、確固とした生活基盤を確立している人を軸にしたコミュニティに参加することができると、越境が有意義

になると思います。近年は個人の情報発信力が高まっていますので、何かしらのテーマで勉強会やセミナーを行なっている人が大勢います。さまざまな人たちが、例えばサンフランシスコ（シリコンバレー）やロンドン、上海といった特定の都市の中でコミュニティをつくり、その動向をオンラインで配信しています。会費制のものもあれば、参加自体は無料のものも多いです。

現地の動向を知るには、以前は直接行くか、若しくは海外展開している総合商社やコンサルティング会社、ＪＥＴＲＯ等の関連機関に訊く必要がありましたが、今ではこのような機会を活用すれば生々しい情報を得ることができます。興味がある国や地域のコミュニティを、そこに在住している人に紹介してもらい、オンラインで飛び込んでみてはどうでしょうか？

日本人としてのある種の常識やコミュニケーションの在りようとは違う世界にすぐにアクセスでき、対話しながら新結合を実感できると思います。日本人同士ではなく、現地の人を交えて話すことをおすすめします。その国や地域のリアリティを獲得できると思います。

テーマを見据えて参加してみるといいでしょう。

2 海外研修制度を活用し、国家の違いの認識を強化する

元々海外志向があったけど、いきなり現地赴任には抵抗がある、という人は海外研修で国家間越境するといいでしょう。

自社に海外研修制度や海外留学制度があれば、その活用も視野にいれるべきです。国境を越え、かつ学びの環境に自らを置くという観点では二重の越境をすることになります。刺激的な時間が過ごせることは間違いなさそうです。

まず人事部に海外研修制度を確認しましょう。企業によって温度差がありますが、現地法人や提携先企業に1年程度研修生（トレーニー）として派遣されるプログラムや、行く国を決めたら1年間そこで活動してレポートを提出する自由度が高い研修、海外での語学

研修などがあります。

コロナ禍で海外研修自体を中断している企業はありますが、復活傾向のようです。制度を運用している企業にヒアリングすると、そのほとんどが指名ではなく挙手で候補者を募り、参加動機や語学能力を確認しつつ派遣者を決めているようです。募集時期が限られる場合や、対象がある程度決まっていることもありますので、注意深く情報を入手して検討するといいでしょう。その際に、海外研修の経験者本人から、得られた学びや気づき、苦労したこと、現地での様子や生活の状況について確認するとイメージが深まります。

応募した人全員が行ける訳ではないと思いますので、ここでも徹底した「行きたい！」アピールを繰り返すことをおすすめします。海外研修という立て付けなので、所属はそのままで費用負担することなく国家間越境をすることができます。

普段研修を提供している身として、顧客に紹介する際に、「非日常」という言葉を使いますが、とはいえ国内の研修は安心な場ということができます。いっぽう、海外研修の「非日常」感は国内の比ではないでしょう。海外研修という国家間越境では、今までにない場に強制的に身を投じることで、〝日本人同士〟というコミュニケーションの前提が通用しないことも相まって、刺激的な時間を過ごすことができると思います。

3 海外出張により、日本と海外とを仕事でつなぐ

会社で海外出張の機会が少しでもあれば、是非申請してみましょう。

海外出張は国家間越境ということができます。普段国内で仕事をしている人が、唐突に海外出張を申請しても通りません。海外に出張する理由が必要です。出張にはいくつかの種類がありそうです。現地調査・市場調査、現地提携企業との交渉、現地法人や生産拠点との交流・意見交換、海外の大学との交流・交渉等がありそうです。仕事柄、あまり海外に縁がない人が海外出張を実現するには、決裁する人になるほどと思ってもらわなければなりません。作戦を練りましょう。

仕事上海外とほとんど関係がなかった僕が、10日間のアメリカ出張を実現しました。

当時コンサルティング部門の営業責任者だった僕は、コンサルティング事業を自社で継続しないかもしれないという話を聞いて、「もやもや」していました。人と組織の領域の経営課題の解決を志向していましたが、新たな価値の創造こそが日本企業に必要なのではと考えていました。そこで、野中郁次郎教授の盟友であり、『知識創造企業』の共著者でもあるハーバードビジネススクールの竹内弘高教授、ワシントン大学のキース・ソーヤー教授、スタンフォード大学のティナ・シーリグ教授や、シリコンバレーで起業していた昔の同僚を訪ね、イノベーションを巡って議論したいと考えました。彼らとの議論を踏まえ、イノベーション支援事業を行なうべきという提言を経営陣にしようと思ったのです。

ただ、突然感はありましたので、1年に1回開催される人材開発系の世界的イベントであるＡＳＴＤ（American Society for Training & Development, 米国人材開発機構）に行って世界の動向を捉え報告します、といいつつ、その前後にアカデミズムとのインタビューを入れる出張計画書を作成し、経営陣に納得してもらいました。竹内教授やキース・ソーヤー教授との議論を経て、イノベーション事業の素案ができ、今の会社に出向・転籍した後も、この海外出張が自分自身の基盤になっています。懐かしく、刺激的な時間でした。海外出張を軸にした国家間越境が機能したということができます。

4 海外赴任で、海外事業に貢献し、自分のキャリアを磨く

所属している会社が海外事業を展開している場合は、徹底的に活用すべきです。

まず、海外事業戦略を詳しく確認する必要があります。僕自身もそうですが、国内事業に従事していると、どうしても隘路にはまり、自社の海外事業展開に疎くなってしまいがちです。自分の会社が進出している国と地域を正確に言える人は、海外事業部などに所属している人は別にして、意外と少ないと思います。まずはウェブサイトを確認し、海外事業を推進している部署のキーパーソンにヒアリングすることをおすすめします。

確認事項としては、自社の中での海外事業の概要、位置づけや今後の期待、市場や機能としての可能性や成長性、進出（撤退）予定地域、買収や提携戦略、日本人赴任者の役割

やポジション、具体的な仕事内容、住居や福利厚生などです。近年は現地資本による海外法人の現地化が進展していますので、特に日本人赴任者に求められる能力や機能が変わってきています。また、語学の壁は当然ですがあります。このあたりは注意深く確認するとイメージが深まると思います。

この海外赴任ですが、希望者数はコロナ禍の影響もあり、ここ数年減少傾向です。また、海外赴任者の平均年齢は全体としては45歳程度であり、高齢化が進んでいます（労働政策研究・研修機構2006年）。希望者が減っていて高齢化が進んでいることを踏まえると、若手・中堅の方々にとって海外赴任のチャンスはありそうです。

日系海外企業の日本人の割合は全体平均で約1％という調査結果があります（日本在外企業協会2019年）。狭き門であることは間違いなさそうです。どうしても海外赴任したい場合は、海外事業の責任者や人事部門に対して、希望を言い続けるべきです。何度も繰り返すことで、相手を〝根負け〟させることができるかもしれません。

国家間越境として自社内での海外赴任を検討してみてはいかがでしょうか？

5 海外事業戦略を提案し、グローバルビジネスを体感する

自社が海外事業展開をしていない場合、経営者に海外進出を提案して自らがその先導者になるのはありかと思います。海外事業の提案で国家間越境を実現する方法です。

まずは、海外進出をしていない理由を確かめることから始めないといけません。

その際、

- 自社の事業の顧客（顧客は誰か？）
- 顧客価値（顧客がどんな価値を獲得しているか？　どのようにして創っているか？）
- 収益モデル（どのようにして収益をあげているか？）
- 競争優位性（他社にはない自社・自事業の強みは何か？）

を改めて確認します。

この4つが全て国内で完結しているケースは稀かと思います。海外の国や地域、企業が何かしら関係しているのであれば、その領域や内容を掘り下げたうえで、強化するために海外展開をする必要性を訴えるのです。

海外を市場として捉えるのであれば、顧客として海外の国や地域を想定して考えます。自社の製品・サービスが他国で受け入れられるかのイメージを、商品特性と国民性を比較して検討するのです。その際、世界の動向をつかんでいると説得力が増します。

僕が今注目しているのはＢＯＰです。ＢＯＰとはBase Of the Pyramidの略であり、世界の人口ピラミッドの基盤を形づくる人たちのことを示します。世帯当たりの年間所得が＄３０００以下で暮らす人たちがその定義であり、世界人口の約7割を占め、30～40億人いると言われています。ＢＯＰは特定の国や地域を示すものではありませんが、多くは発展途上国で暮らしています。彼らが順調に経済成長を遂げたとするならば、10年後に５００兆円の経済効果を生み出すという試算もあります。市場全体が上りのエスカレーターに乗っている、と考えることもできます。

例えばこのＢＯＰを自社の顧客として想定して、どのようにして自社製品・サービスを提供していくか、の道筋を立て、経営者に提言するのはどうでしょう？　もちろん、所得が低い人たちを顧客として想定するので、製品・サービスが高額では難しいと思います。また、展開を予定する国の特有の事情も多々あります。ただ、そのあたりの情報は、ネット上でいくらでも見つけることができます。海外進出に関して有効な助言をしてもらえるＪＥＴＲＯ（日本貿易振興機構）のような団体もあります。ＪＥＴＲＯは経済産業省が所轄する独立行政法人であり、貿易の拡大及び経済協力の促進に寄与することがその目的で、全国51カ所に相談窓口を設置しているので、アクセスしてみるといいと思います。

海外進出をしていない場合に、「海外展開をしましょう」と提案する際の処し方の一端をお伝えしました。日本の人口は1億２４００万人程度ですが世界人口は約80億人です。日本の人口の推移を見てみると、１９００年から人口がピークに達した２００４年に至る約１００年間で、人口がおよそ3倍に増えています（総務省統計局２０２２年）。高度経済成長が実現したのも、人口が増え世帯が増えたことが大きな理由と考えられます。これから先１００年で人口は１９００年時点の約４４００万人に戻る勢いです。

市場は当然激減します。注目すべきは世界であり、かつ成長余力のあるＢＯＰのようなターゲットかと思います。自分の会社の経営者に対して海外進出の提案をしながら、自らがそのパイオニアとして国境間越境を実現する。強力に主張して、「じゃあ、言い出しっぺがやるか？」という言質を引き出すことができると、この越境が実現します。

自社の海外事業戦略を精緻に描いたことはありませんが、成長著しい中国に進出するべきとの提案をしたことがあります。２００４年のことでした。リクルートグループは今でこそグローバル企業ですが、当時はグローバル化が喫緊の課題でした。人材事業と販促支援系事業のふたつの柱がありましたが、人材事業での提案を考えました。当時、人材事業はいくつものラインナップを持っていましたが、提案したのは人材開発ビジネス。自社が長年の実績を持つ研修事業を中国に適用してはどうか？　という提案でした。

提案そのものは採用されませんでしたが、当時の経営陣に対して何らかのインパクトを与えたと思います。また、そのとき培った戦略思考は、今の事業開発に十分に役に立っています。

6　ＭＢＡ等の海外留学で、学びを深め、キャリアをつくる

経営のプロとして世界で活躍したい、そう考えている人にはＭＢＡがおすすめです。ＭＢＡ（経営学修士）などを取得するために海外留学することも、国家間越境です。ビジネス・パーソンとして仕事をしていた状況から留学する道を選ぶと、当然のことですがその間は収入がなくなります。留学は金銭的な収支や、それ自体のメリット・デメリットをよく考えるべきかと思います。

まず、留学にはどのくらいお金が必要かをイメージしてみます。国によってもかかる費用は大きく異なりますが、イギリスやアメリカなどの欧米諸国の大学に留学する場合、１年間に概ね５００万円程度の費用がかかると想定した方がいいでしょう。学士や修士とい

った学位を取得することを目的にした場合は2年はかかりそうなので、1000万円以上の資金が必要だと覚悟するべきです。

次に海外の大学院への留学の場合のメリットを考えてみます。学ぶ内容によって温度差がありますが、以下のようなものが考えられます。

- 専門性が得られる。海外留学で学べる学問分野は多種多様です。自然科学、社会科学、人文科学、応用化学、形式科学といった大分類ができます。国内の大学でもそうですが、当然のことながら学位を取ることにコミットすれば当該分野の専門性は得られます。この中で経営学の修士の学位がMBAです。MBAの目的は、経営者や経営者を補佐するビジネスプロフェッショナルを短期間で養成することにあります。経営の3要素であるヒト・モノ・カネ周りの基礎知識を学ぶものです。近年ではMBAのプログラムにテクノロジーやデザインなどのカリキュラムを加えているところもあります。国内の大学もそうですが、MBAのような学位を伴った専門性が海外留学では得られます。
- 実践的な語学が身につく。海外の大学院では授業は討議が中心です。多くの日本の大学のように教授の話を聴いてレポートを出せば単位が取れるものではありません。自分と相手の主張を言葉（主に英語）で交わし続けることが求められます。自分が言いたいことを適切に相手に伝え、相手の考えを理解しないといけません。タイムラグはほとんどありません。日本人は議論すること自体に慣れていない人も多い。それを英語で行なう必要があります。しかもひたすらやり続けなければなりません。そうしないと単位が取れないからです。この濃い時間を過ごすことで、実践的な語学が身に着くと思います。

- 自分の意見を主張できるようになる。特ゼミ形式の授業だと、学生主体で議論していくことになります。そこでは、「何か言わなければならない」というモードが強く働きます。発言がないと、意見がない人と解釈されます。そうなると、単位取得も難しくなります。自己主張が強いられる場面が日常的にあると、深謀遠慮な感じが変わります。環境を有利に使い、自分の意見を主張する状況に敢えて身を置き、前進しましょう。
- 批判的に物事を考えるようになる。大学院の授業では、相手や論文・解答などに対して常にこれは正しいのか？　と考えることが求められます。違う視点や観点を検討し、常識だと思われていることに別の角度から光をあてることが必要です。疑義を唱えるためには、その根拠が必要です。相手の発言や今までの研究の方法・モデル・概念などに欠陥があるかどうかを考え、今までとは違う新しい可否を加える。そのことを繰り返すことで、批判的思考力が身に着くのです。批判的思考の英語訳はcritical thinking（クリティカル・シンキング）です。その真意は、「物事や情報を無意識・無批判に受け入れるのではなく、多様な角度から検討し、意識的・論理的・分析的に理解すること」にあります。物事を言下に否定するのではなく、安直に受け入れることなく、議論し尽くすことが大切であり、海外大学院留学はその絶好の場でしょう。

- 論理的思考が手に入る。大学院では論理的に考えることが求められます。論文や論述試験・レポートは、論理的でなければ高い得点を得ることができません。特に論文では、構成の甘さや論理の飛躍はご法度です。論理的であることが求められるスタンダードなので、訓練を繰り返すうちに、論理的思考に習熟するようになるでしょう。ふんわりとしたコミュニケーションをする人が、もしかしたら理屈っぽくなってしまうかもしれませんが……（笑）。

この他にも、その後のキャリアを充実させることができる、海外でのネットワーク（人脈）が構築できる、異国の文化や風土を感じることができるといったメリットがありそうです。海外留学での国家間越境を検討してみてはいかがでしょうか？　実現したときには、必ずや刺激的な日々が待っていることでしょう。

ちなみに僕も、もう40年も前の話ですが、大学3年時に映画の脚本づくり（Screenplay writing）を勉強したくて、留学を試みたことがあります。1年間英語を鍛え、ＴＯＥＦＬを受け、志願書を送り、３つの大学から入学許可を得ました。学位はＭＡ（Master of Art）。日本の大学で取った学位を移して、2年で卒業する予定でした。ただ、当時の為替レートが1ドル２３０円ほどであり、2年間留学すると3万ドル（約７００万円）ほどかかるため、金銭的理由で断念しました。その時にアメリカの大学に行っていれば、人生変わっていたと思います。

7 JICA海外協力隊で、世界に貢献し、自らを成長させる

元々途上国のために何かしたかった。今の仕事はあまり関係ない。そんな「もやもや」には、JICA海外協力隊などの国際ボランティア活動をおすすめします。

国家間越境の志向があり、発展途上国に対する国際支援に興味がある人には、公的機関が実施している海外ボランティアがあります。その中でも、外務省所管の独立行政法人国際協力機構（JICA）が実施する海外ボランティア派遣制度で代表的なものが、JICA海外協力隊です。

年に1度、6月に募集を受付けています。募集職種は年により異なりますが、計画・行

政、公共・公益事業、農林水産、鉱工業、エネルギー、商業・観光、人的資源、保健・医療、社会福祉、といったカテゴリー別で細かく規定され、100以上あります。開発途上国からの要請に基づき、現地の人びとと共に途上国の課題解決に取り組むことが目的です。

任期は原則2年間で、これまで世界91カ国に5万人以上の隊員が派遣されています（JICA 2022年）。基礎的な英語力や募集職種に即した専門性が求められ、一次選考（健康診査、語学力審査）、二次選考（人物・技術審査、健康診査）を経て合格となります。

広き門ではなく誰もが受かるものではないですが、派遣が決まると徹底した語学研修が受けられ、渡航費用や現地での生活費はもちろん、訓練期間中は月4万円、派遣期間中は月5万5000円の手当が期間分支給されます（JICA 2022年。最新情報はJICAホームページを参照）。

こう書くと非常に魅力的ですが、実際に派遣された人に話を聞くとかなりのタフさが求められることが伝わってきます。言葉がほとんど通じなく、知人がいない場所で生活するのは想像以上に厳しい。孤独に加え、生活環境も悪く、ライフラインも整備されていません。過酷な環境といってもいいでしょう。壁だらけと言っていいかも知れません。

そんな中で約2年間の途上国支援活動に従事し続けるには、何かを成し遂げたいという強い気持ちが絶対的に必要です。現地・現物・現実を目の前にして、途上国の人たちのために役に立ちたいという純粋な利他の気持ちで活動し切ることができれば、その先の生き方も間違いなく変わるでしょう。

ちなみにＪＩＣＡが募集している海外ボランティアは、シニアが対象のものや短期派遣などさまざまなものがあります。国家間越境として検討の余地ありだと思います。

ＪＩＣＡ海外協力隊に参加した隊員のエピソードは、ＪＩＣＡのウェブサイトにたくさん掲出されています。また、YouTube等の動画でもリアルな話を伝えている人がいますので、参考になると思います。

ここでは、応募のきっかけ、活動内容、派遣後のキャリアに分けて、キーワードを紹介します。

- 応募のきっかけ
↓開発途上国、社会貢献、使命感、環境破壊、経済成長
↓バッグパッカー、ボランティア、海外放浪、将来の不安
↓自分にできること、求められている場所、役に立ちたい

・活動内容
↓協働、手触り感、困っていること、想定外、その場対応、現地現物
↓先進国バイアス、日本の論理、文化・風土・慣習、上から目線
↓Ｗｉｎ－Ｗｉｎ、啓蒙活動、現地語、工夫、解決策、一緒に考える、持続可能
↓やり遂げる、一緒に楽しむ、コミュニケーション、達成感、モチベーション

・派遣後のキャリア
↓スキル・経験を活かす、教える立場、広い視野、更なる知識、国際協力
↓起業、ＮＰＯ法人、コンサルタント、国連、ビジネススクール、地方自治体

国を背負って途上国のために国家間越境した姿が垣間見えます。

国家間越境のまとめ

1 バーチャルで国家間をまたぎ、海外の〝感じ〟を獲得する
2 海外研修制度を活用し、国家の違いの認識を強化する
3 海外出張により、日本と海外とを仕事でつなぐ
4 海外赴任で、海外事業に貢献し、自分のキャリアを磨く
5 海外事業戦略を提案し、グローバルビジネスを体感する
6 MBA等の海外留学で、学びを深め、キャリアをつくる
7 JICA海外協力隊で、世界に貢献し、自らを成長させる

国家間越境で獲得できることは非常に多い。日本人以外とのコミュニケーションの結果、モノの見方の転換や新しい知識は得られます。ネットワークはもちろん、言葉を越えて意思疎通ができれば、対人対応スキルも手に入るでしょう。そして、なによりワクワク感は

大きい。言語・文化・風土・慣習・宗教・教育・仕事・キャリア・考え方、何もかもが違う人たちとの対話や交換は、ワクワクドキドキの連続でしょう。
国家間越境をすると、新結合している自分に出会えるでしょう。越境先では日本の常識は完全に通用しません。日本（人）のバイアスは相手にされません。国が違えば、気候や風土、言語や文化、政治情勢や経済環境、普段の仕事や休みの過ごし方、個人の興味関心など、全てが違うでしょう。違うことがあまりにも多いので、精神的にも肉体的にもタフな時間を過ごすことになります。そこがミソです。違いの認識は新結合には重要です。自分が持っている受容体とのかけ合わせで、何かしらの新しい価値創造のきっかけになります。

僕は海外に住んだことはありません。真の国家間越境はしていないことになります。元々海外志向はありましたが、社会人になり仕事にかまけているうちに、気づいたら日本で30数年経ってしまいました。自ら機会を創りださなかった訳です。大いなる反省点です。50代に自ら手を挙げてタイに赴任した同僚がいました。海外事業の撤退に伴い、彼は会社を辞め、現地で会社を立ち上げて事業を継続することを決意しました。その気概や意気には敬意を表します。一番激しいかもしれない国家間越境、難度は低くないですが、強くおすすめします。

Epilogue

実行できない言い訳を徹底して〝つぶして〟、越境を実行する

ここまで、経済活動に関する7つの越境と、社会生活に関わる3つの越境について、その方法や具体例、ゴールイメージを紹介してきました。

改めて越境の効能をまとめてみます。

①新しい知識
②モノの見方の転換
③新結合
④ネットワーク
⑤対人対応スキル
⑥ワクワク感

このように越境により得られることは多くあります。

そして越境によりこれらを獲得できたとき、リーダーになれるのです。リーダーとは、最初に越境の第一歩を踏み出す人であり、いわゆる〝ファースト・ペンギン〟です。

それでも越境を実行できない場合があります。原因は「実行力不全」です（詳細後述）。思いはあっても実行ができなくては意味がありません。そのときには、実行できない理由を原因別で考えてみましょう。主に次のような原因があります。

- 越境する意志がない

- 越境する意味が分からない
- 越境する方法が分からない
- 越境するための役割がはっきりしていない
- 越境するための環境が整っていない

自分の「もやもや」を突破するための越境の、意志・意味・方法・役割・環境を冷静に確認してみてください。そして、言い訳を〝つぶす〟のです。

最後に必要なのは、〝GRIT〟です。〝GRIT〟とは、やり切ることです。越境も実行しなければ、やり切らなければ、無価値です。越境をやり抜けば、「もやもや」が晴れて、新しい自分と出会うことができるでしょう。

越境の効能

これまで越境について記してきました。ここで改めて越境の効能について振り返ります。

第一の効能は、新しい知識の獲得です。境界を越えて、今までにない状況に身を投じ、違うことを行なうと、必ず何かしらの気づきがあります。それは、その人にとっては新しい知識です。見たことも聞いたこともない場面に直面したとき、人は一瞬戸惑い、驚きます。その瞬間から新しい学びが始まっています。越境した先でのコミット感が高ければ高いほど、学習が深まります。越境前と越境後ではやることが異なります。越境することで、新しい知識が獲得できるのです。

第二の効能は、モノの見方の転換です。越境前と越境後では、所属集団の作法や常識、褒め言葉が違います。所属集団内に居続けることで無自覚だったことが、越境すると違和感になることが間々あります。その結果、今までの自分の認知の枠組みが外れ、新しいモノの見方が手に入ります。人は自然に自分自身の認知の枠をつくっています。越境することによる違いの認識が、認知の枠を壊します。そして、視野が広まり、視座が高まります。こういうモノの見方があったのか！　こんな考え方には気づかなかった！　といった具合です。単眼的な認識から複眼的な思考ができるようになるということができます。

第三の効能が新結合です。越境先の何かと自分を掛け合わせることで、新しい価値の萌芽につながる可能性が高まります。ポイントは、できるだけ遠くに越境するということでしょう。近い概念のグループ間の越境では、驚くような組み合わせは生まれにくい。価値観・世代・仕事・立場・距離などができるだけ遠い集団に越境することが肝かと思います。経験したことのない世界への越境で、新結合を実践し、新しい価値の創造を希求すべきです。

第四の効能は、ネットワークです。ネットワークとは人とのつながりです。越境することにより今まで所属していたグループから離れます。越境先は新しい人たちです。その人たちと対話を繰り返すことで、仲良くなります。一緒に垂直的学習をすることで、つながりがどんどん深まっていきます。人生100年時代と叫ばれていますが、最大の宝物は家族であり友だちだと思います。越境することにより、新しい友だちのつながり（ネットワーク）ができます。こんな嬉しいことはないと思います。

第五の効能は対人対応スキルの獲得です。慣れ親しんだ集団内ではどんどんコミュニケーション・コストが下がります。「風呂・メシ・寝る」であり、阿吽の呼吸です。こうなると対人対応スキルは劣化する一方です。新しい越境先に身を移した場合、当然のことですが、周りは知らない人ばかり。多種多様な人たちとの深くかつスピーディなコミュニケーションが求められます。ゼロベースで相手との対話を繰り返し、自分の存在意義を得なければなりません。トライアンドエラーです。その状況は、対人対応スキル開発には絶好の機会です。

第六の効能は、ワクワク感の体現です。越境すると初めての経験が待っています。それはきっと、「ハラハラ・ドキドキ」ではなく、「ワクワク・ドキドキ」でしょう。新しい自分に気づくことになります。「へぇ、私ってこんな考え方するんだ」「なるほど、自分の強みが改めて分かった気がする」「この気づきの先に、新しい生き方がありそうだ」といった感じでしょうか。越境することにより獲得できるワクワク感、楽しみでしかないです。

越境によりこのようなことを獲得することができます。いいことばかりではないかもしれません。これまでの集団による凝集性からくる排他性による壁もあります。でも、それは越境には絶対に付きまとうことです。〝違うところ〟に行くのであれば、そんなものだと割り切る度量も必要です。越境の美点凝視をするべきです。キャンベルのいう、セパレーション・イニシエーションの末のリターン、です。〝得るもの〟はそれ以上にあるのです。

こうして越境することにより、「もやもや」感が解消していきます。越境後の新結合が進めば、次なるキャリアも見えてきます。そして、越境したこと自体が、既に次のキャリアに一歩足を踏み入れたということです。

越境別、獲得できることのまとめ

「もやもや」を晴らす10の越境で、獲得できることは異なります。どんな越境で何を獲得できるかを、図示しました。

これは僕の経験を踏まえたイメージですので、異なるものが得られることもあると思います。参考にしてみてください。

図A　10の越境のまとめ

		新しい知識	モノの見方の転換	新結合	ネットワーク	対人対応スキル	ワクワク感
個人内越境		✔✔	✔	✔✔			✔✔✔
企業内越境		✔✔	✔✔	✔✔✔	✔✔	✔✔	✔✔
企業間越境		✔✔✔	✔✔✔	✔✔✔	✔✔✔	✔✔✔	✔✔✔
職種間越境		✔✔✔	✔✔✔	✔✔	✔✔	✔✔	✔✔✔
業種間越境		✔✔✔	✔✔✔	✔✔✔	✔✔✔	✔	✔✔✔
産官学越境	産官越境	✔	✔✔✔	✔✔	✔✔	✔	✔✔
	産学越境	✔✔✔	✔✔	✔✔✔	✔✔	✔	✔✔✔
労使間越境		✔✔✔	✔✔✔	✔	✔✔✔	✔✔✔	✔✔✔
世代間越境		✔	✔✔✔	✔	✔✔✔	✔	✔✔
地域間越境		✔	✔✔✔	✔	✔✔	✔	✔✔✔
国家間越境		✔✔✔	✔✔✔	✔✔✔	✔✔✔	✔✔✔	✔✔✔

図B　リーダーの機能

先行研究	オハイオ研究	三隅二不二	ウォーレン・ベニス	ジョン・コッター	まとめると
リーダーの機能	●構造作り 目標達成に向けて必要な構造を提供	●Performance 集団の目的達成のための機能	●ビジョンによる結束 未来のビジョンの選択・統一・明確化	●アジェンダ設定 ビジョン／目標設定、優先順位付け	“やること”を決める
	●配慮 人間関係を尊重	●Maintenance 集団を維持・強化	●コミュニケーション ビジョンに向けて人を結集し信頼を獲得	●ネットワーク構築 対人ネットワークを作る	“やること”を実行するため人を動かす

越境でリーダーになる

越境すると、多種多様な経験から、多くのものを獲得できます。その先にはリーダーとしての自分が待っています。

では、リーダーとは何でしょうか？　リーダーの研究は多々あります。オハイオ研究ではリーダーの要件を〝構造作り〟と〝配慮〟としました。三隅二不二教授はPM理論を確立しました。ウォーレン・ベニスは〝ビジョン〟と〝コミュニケーション〟と規定しています。そして、コッターは〝アジェンダ設定〟と〝ネットワーク構築〟と主張しました。

このような先行研究を踏まえると、リー

図C　越境とリーダー開発

【越境】で獲得できる事 ／ リーダーの機能	新しい知識	モノの見方の転換	新結合	ネットワーク	対人対応スキル	ワクワク感
アジェンダ設定（やることを決める）	✓✓✓	✓✓✓	✓✓✓	✓	✓	✓✓✓
ネットワーク構築（人・組織を動かす）	✓	✓	✓	✓✓✓	✓✓✓	✓✓✓

ダーの機能は、**自分で〝やること〟を決めて、人や組織に影響力を行使して〝やること〟を達成する**、と集約できます（図B参照）。

改めて越境で獲得できることを見てみましょう。新しい知識、モノの見方の転換、新結合、対人対応スキル、ネットワーク、ワクワク感、の6つです。

リーダーの機能とかけ合わせて考えてみます。**〝やること〟を決める**際、新しい知識、モノの見方の転換、新結合は大いなる助けになるでしょう。対人対応スキルとネットワークは、**人や組織に影響力を行使して〝やること〟を達成する**ときに絶対的に必要です。そして**ワクワク感はリーダーシップ発揮**

海へ最初に飛び込む〝ファースト・ペンギン〟

の大前提といえます。

越境とリーダー開発は不可分ということができるのです（図C参照）。

時代はVUCAです。必要なのは、正に最初に越境の第一歩を踏み出す人です。新しい分野であってもリスクを恐れずに先陣を切って越境する〝ファースト・ペンギン〟が求められます。ペンギンは常に集団で行動する生き物で、猿のような明確なリーダーを持たないという研究があります。特定のボスからの指示ではなく、何かしらの環境変化を察知した最初の一羽が自発的に行動することで、集団を危機から回避することができるそうです。

カッコいい感じがしますが、〝ファースト・ペンギン〟の行動にはリスクが伴います。越境した先に何があるかは、飛び込んでみないと分からないのです。もしかしたらサメがいて食べられてしまうかもしれない。危険もあるのです。いっぽう、リターンもあります。真っ先にダイブした先の海が餌となる魚が多く豊かだったとき、先行者利益を得ることができるのです。

ちなみにリーダーの動詞形はｌｅａｄです。先頭を進む、道案内する、指揮する、と訳すと分かりやすく馴染みがありますが、語源として斥候（偵察する）や、転じて〝最初に死ぬ人〟の意味もあるそうです。野球で走者が〝リード〟する、というイメージが近いでしょうか？　それがリーダーです。リーダーは塁と塁の境界を越境するのです。

実行力不全の考え方

それでも越境できない場合はどうしたらいいでしょうか？　越境という実行ができない状態、つまり越境の「実行力不全」です。「実行力不全」とは、人や組織が何かを実行できない理由を5つに整理したものです。●●●に、実行すべき何かをおいて考えてみます。

●●●を実行する意志がない…やる気がなければ何事も実行できない
●●●を実行する意味が分からない…実行する意味や価値、メリットが分からない
●●●を実行する方法が分からない…方法が分からないので実行できない
●●●を実行するための役割が曖昧…役割がはっきり決まっていないと実行できない
●●●を実行するための環境が整っていない…制度や評価などのサポートが必要

この「実行力不全」は、過去に実施した約300件の組織開発コンサルティングから導き出した仮説です。人や組織が実行できないことは多々あると思います。●●●を7Sに則って考えてみましょう。

□Shared Value…経営理念、ビジョン、ミッションなどの浸透・共有
□Strategy…経営戦略の実行
□Skill…研究開発力、技術力、製造能力、営業・マーケティング力の実行
□Structure…組織力の発揮。職務権限・指揮命令の実行
□System…人事評価、業績管理などの徹底
□Staffing…社員のモチベーション向上

図D　イノベーション実行力不全

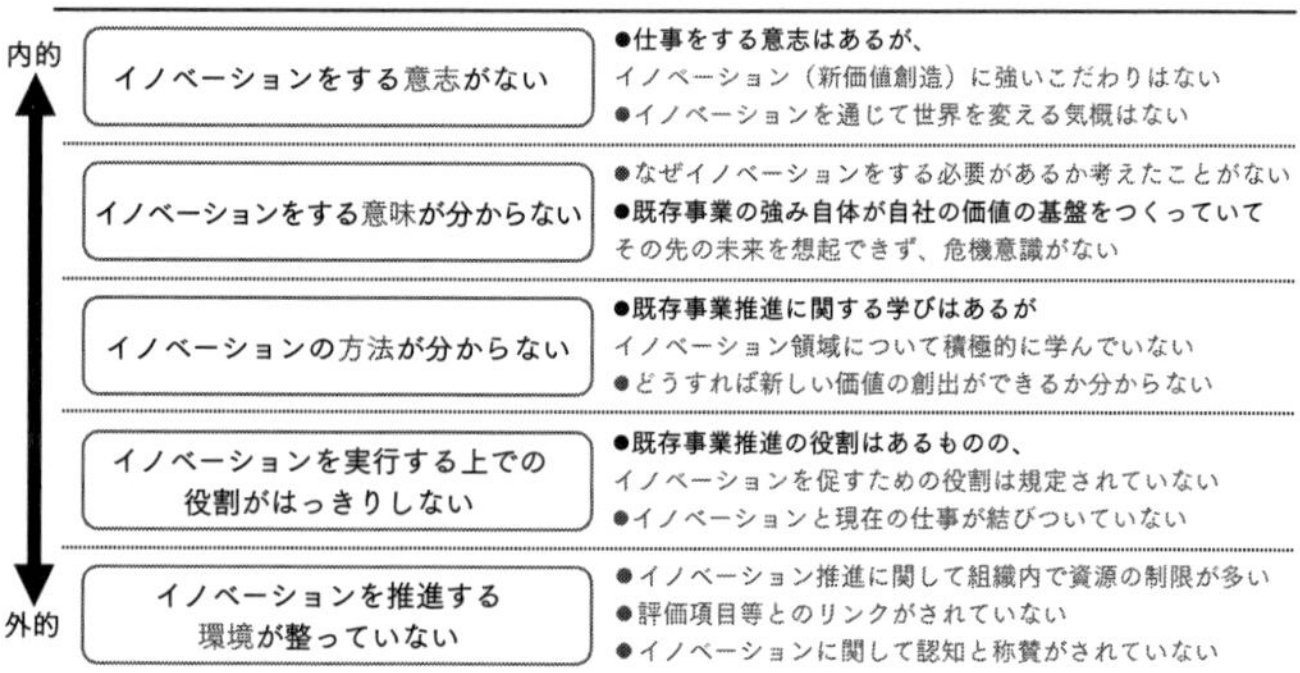
内的
外的
イノベーションをする意志がない
●仕事をする意志はあるが、
イノベーション（新価値創造）に強いこだわりはない
●イノベーションを通じて世界を変える気概はない
イノベーションをする意味が分からない
●なぜイノベーションをする必要があるか考えたことがない
●既存事業の強み自体が自社の価値の基盤をつくっていて
その先の未来を想起できず、危機意識がない
イノベーションの方法が分からない
●既存事業推進に関する学びはあるが
イノベーション領域について積極的に学んでいない
●どうすれば新しい価値の創出ができるか分からない
イノベーションを実行する上での
役割がはっきりしない
●既存事業推進の役割はあるものの、
イノベーションを促すための役割は規定されていない
●イノベーションと現在の仕事が結びついていない
イノベーションを推進する
環境が整っていない
●イノベーション推進に関して組織内で資源の制限が多い
●評価項目等とのリンクがされていない
●イノベーションに関して認知と称賛がされていない

□Style…社風や組織文化の浸透・共有

このように、組織の中で実行できないことは多々あります。越境とも親和性が高いイノベーションを、実行力不全に当てはめてみましょう(図D参照)。

イノベーション実行力不全状況におかれている社員についてイメージしてみます。目の前の壁を越えられない、つまり越境できない感じです(図E参照)。

こんな状況は、意外と当てはまると思います。

図E 実行力不全のイメージ

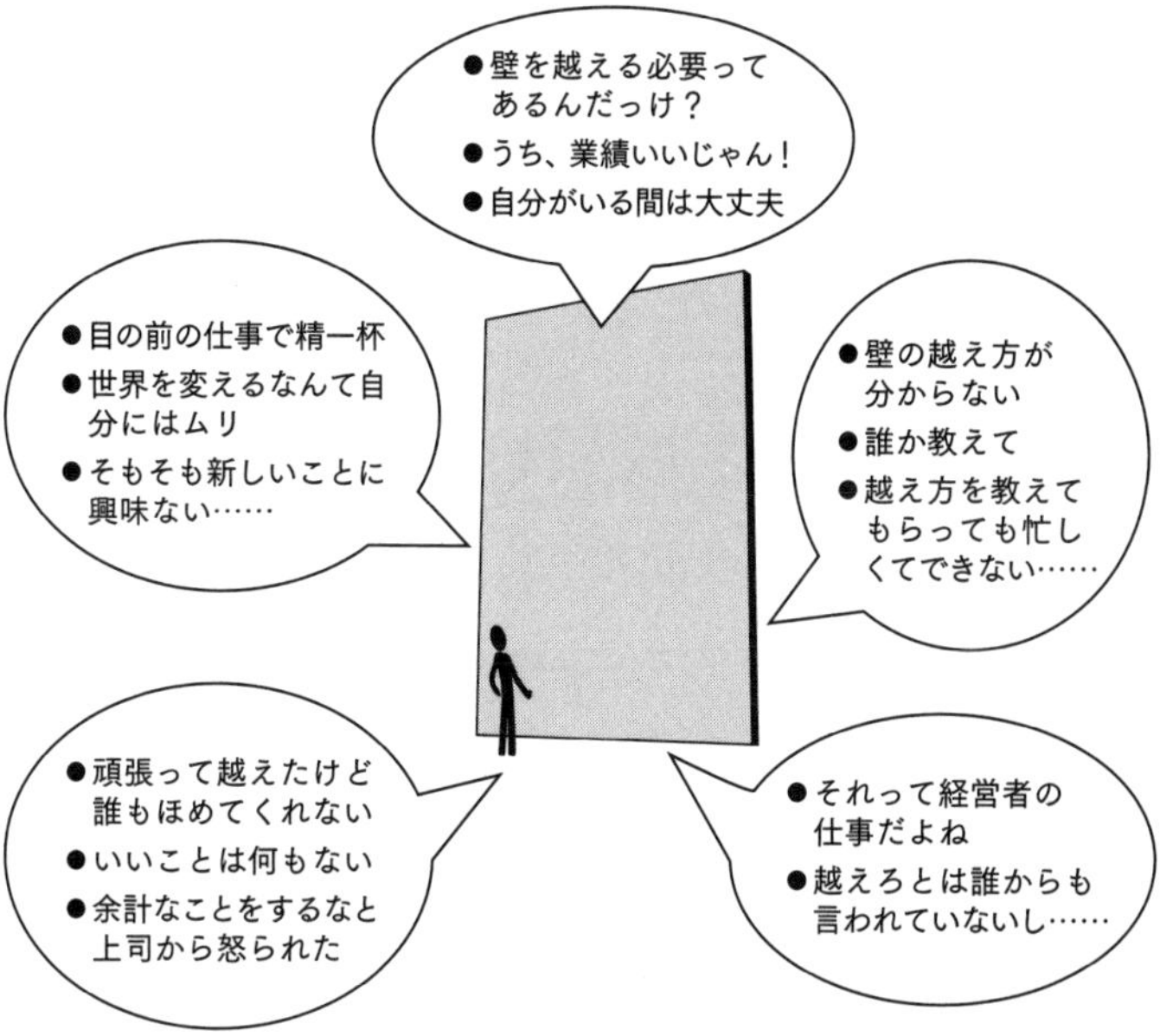

越境の実行力不全

改めて実行力不全を越境に置き換えると、以下のようになります。

越境する意志がない
越境する意味が分からない
越境する方法が分からない
越境するための役割がはっきりしていない
越境するための環境が整っていない

さらに落とし込んでみましょう。

越境する意志がない

まあ、意志が、やる気がないのであれば仕方ないです。現状維持が必要な状況も時にはあるでしょう……。でも、いつか越境の機会が訪れるかも！

越境する意味が分からない

殆どの人が、組織の中で部分的な機能を担うことで生きています。タコ壺です。その中にずっと入ったままだと、世界の変化に取り残されます。個人内ガラパゴス状態になっていきます。この場合、越境する意味は外部環境に適応し、先取りしていくことです。越境する意味は人それぞれ違います。自分の中で、越境することの意味や価値を明確にすべきかと思います。

越境する方法が分からない

これまで記してきた10の越境の方法を、改めて左記に示します。経済活動に関わる7つの越境と、社会生活に関する3つの越境です。

■経済活動に関わる7つの越境

①個人内越境…今すぐに誰でも着手できる越境
②企業内越境…今の会社の中で居場所を変える越境
③企業外越境…企業の枠を越えた越境
④職種間越境…自社内外で今までとは違う職種への越境

⑤業種間越境…自社とは異なる業種への越境
⑥産官学越境…官や学への越境
⑦労使間越境…経営者・起業家への越境

■社会生活に関する3つの越境

①世代間越境…世代を越えたつながりをつくる越境
②地域間越境…地域を越えた越境
③国家間越境…日本を飛び出す越境

これ以外にも越境する方法はあると思います。自分の過去のターニング・ポイントがヒントになるかも知れません。

越境するための役割がはっきりしていない

越境するのは自分自身ですが、周りに関係者がいるはずです。自分が越境する際に、自分以外の関係者がどのような役割を担っているかをイメージしてみます。自分と関係者の役割を深掘り、精査してみます。実行に向けてのボトルネックが見えてくると思います。

越境するための環境が整っていない

環境とは制度や仕組みのことです。組織には、越境を促すものと、阻害するものがありそうです。とはいえ、VUCAの時代です。変化対応力を高めるために、企業側はどんどん組織を〝開く〟方向にあります。越境を促進する流れになっているといえます。まずは所属する組織の越境する際の環境（制度・仕組み）を調べて、使えるものは全て使う気概で進めばいいかと思います。環境が整っていなければ、人事部などのキーセクションに提案してみてください。

越境の実行力不全状況をイメージしてみました。どのあたりに落とし穴がありそうかを考えてみると、越境実行のヒントが見えるかもしれません。

最後はGRIT

越境の実行力不全状況、いかがでしょうか？　意志がないのは言語道断として、それ以外の４つの越境実行力不全を自分に当てはめてみると、見えてくることがありそうです。意味と向き合うのは自分自身と向き合うことでもあり、意外と辛いかもしれません。方法については、10の越境を参考にして前進してみてください。役割や環境を深掘ると、置かれている状態が分かると思います。実行力不全のフレームを基に、越境が実行できていない状況を分析的に考えることをおすすめします。

最後は、GRITです。GRITは、以下の4要素の頭文字を取って生まれた言葉です。

- **Guts**（ガッツ）：困難なことに立ち向かう根性
- **Resilience**（レジリエンス）：失敗しても立ち直る復元力
- **Initiative**（イニシアチブ）：自分で目標を設定する力
- **Tenacity**（テナシティ）：最後までやり遂げる執念

学生時代のような他律的・自動的・半強制的な越境の機会は、社会人ではあまりありません。自律的・能動的・自発的な行動が必要です。そして、GRIT。つまりは、やり抜くこと、やり切る力、です。自分自身のキャリアを巡る「もやもや」を晴らすために越境を思いついたら、取り敢えず、誰かを巻き込み、越境してみます。くどく、しつこくやり続けることが何より大事です。

リクルートでよく耳にして、いつの間にか自分でも相手に対して問うようになった言葉があります。「やり切る」です。

「あなたは今期、営業をやり切ったか？」

「このプロジェクトでリーダーをやり切る覚悟があるか？」

「執念レベルでは足りない。情念が迸るくらいやり切ることができるか？」

こんな会話が以前は現場で普通に交わされていました。

同僚が転職する際の送迎会では、

「リクルートではやり切った」とか、

「任されたことはやり切ったので、離れるに際して後悔は全くないです」

と多くの人が挨拶します。

30数年前にリクルートに入社したときから、この「やり切る」はクドイほど聞いてきました。正直、最初に聞いたときは、ちょっと斜に構えて、「別にそんな勢いでなくてもいいのでは？」と思った記憶があります。押しつけ感が甚だしいし、価値観を強いる気がしたのです。

ところが環境の力は恐ろしい。「やり切る」が連発され、「やり切った」状況がデフォルトになっていくと、自分も当たり前のように「やり切る」ようになっていきました。そして、自然と後輩に「やり切った？」と問えるようになったのです。「やり切る」の輪廻です。

こう考えると、ＧＲＩＴにも実行力不全がありそうです。中途半端でも許される状況が続いたり、ひとつの組織に長く安住すると、だんだん越境を実行するエネルギーそのものが奪われていくかもしれません。そのことに気づいたら、即座にそこから越境すべきかもしれません。

カエルはいきなり熱湯の中に放り込まれるとそこから飛び出ることができますが、最初に冷たい水に入り、ゆっくりじっくり温度を上げていくと、高温になっても気づかずに死んでしまうそうです。

「もやもや」は外部環境変化のセンサーが機能している証です。越境することで立脚点や居場所を変え、自らのキャリアを自らで構築してみてください。

あとがき

越境することでキャリアを開発することについて記してきました。具体的な10の越境方法のところでは、自分のエピソードも紹介しました。自分自身は果たして越境してきたのか？　改めて振り返ってみます。

僕は1986年4月に、リクルートに入社し、現在はリクルートマネジメントソリューションズに所属しています。現在まで、非常に大きな環境変化がありました。80年代から90年代初頭のバブル・バブル崩壊、以降の金融危機・インターネット時代の到来・自分の会社の資本変更といった激動がありました。21世紀になり、独立資本化・リーマンショック・自社の持ち株会社への移行・株式上場・グローバル化・コロナ禍などを経て今に至ります。

この間の仕事は、自社の採用業務・顧客の採用支援や就職ブランド開発・人事課題解決・人事コンサルティング部門の創設及び営業・経営理念浸透支援・次世代リーダー開発支援・イノベーション領域の事業開発と変わっていきました。この過程で、個人内越境、企業内越境、企業外越境、職種間越境を実践してきました。全ての業種の顧客に営業してきたので、疑似的な業種間越境も行っています。また、経済産業省などの中央官庁との共同事業を幾つか実施して、部分的産官越境も経験しました。大学で講義を受け持ったこともありますので、産学越境もやりました。今行なっているプロジェクトは20代から60代のメンバーが集まっているので、世代間越境でもありますし、二拠点居住を始めましたので、地域間越境も推進しています。バーチャルですが国家間越境も体験しています。最初の幾つかの企業内越境は、所謂人事異動により強制的に行われましたが、その後は自律的・能動的・自発的に越境行動にでて、自分のキャリアを開発してきました。こうして思い返すと、越境だらけといえます。そして、これらの越境全てに、悔いはありません。寧ろ、あのときに越境していなかったら、と思うと少し寒くなるくらいです。

越境は色々と大変です。タコ壷の中に入ってぬるま湯に浸かっている方が安全で安心です。「ぬるま湯は体にいいんです」と言って憚らない人もいます。変わらないメンバーと共通言語で話し、あとは目と目で通じ合う方が楽です。

でも、行動しない限り、越境しない限り、変化はつくれません。自分の立脚点や居場所を変えないと、「もやもや」を突破することはできません。逆に、越境すると、その強力な相対化力により、変容的学習が、変化による学びが実現するのです。越境はビジネス・パーソンのキャリア開発の基礎といっても過言ではありません。

令和元年6月21日に発表された、政府の「成長戦略実行計画」があります（内閣府

２０１９年）。その5ページ、〝人の変革〟のところに、以下の記載があります。

……組織の中に閉じ込められ、固定されている人を解放して、異なる世界で試合をする機会が与えられるよう、真の意味での流動性を高め、個人が組織に縛られ過ぎず、自由に個性を発揮しながら、付加価値の高い仕事ができる、新たな価値創造社会を実現する必要がある。

この一文を僕は、〝失われた30年を取り戻し、日本を新たな成長軌道に乗せるために必要なことは、組織というタコ壺からの人の解放であり、個人の自律的・能動的・自発的な越境が鍵を握る〟と読み解きました。タコ壺から出て、自由自在に外のさまざまなヒトやコトとつながり、大胆な新結合が行なわれ、新しい価値が創出されていく。そんな〝ＯＰＥＮ　ＪＡＰＡＮ〟ともいうべきダイナミズムが日本には必要です。

組織の外部流動性の壁が低いリクルートグループは、日本の労働経済史の中でも特異な会社です。創業以来60余年、現在社員数は5万人を超えますが、定年退職した人はごくわずかです。殆どの社員が定年前に自律的に会社を辞めていきます。何故なのか？　そのヒントが、創業者の故江副浩正氏の言葉にあります。

「自ら機会を創り出し、機会によって自らを変えよ」

〝組織に拘泥されず、自律的・能動的・自発的に自ら越境し、立脚点や居場所を変え、力強く成長せよ〟と、この言葉が語っているようです。そして、**組織側もビジネス・パーソ**

ンのキャリア自律を促していくべきだと思います。

2005年、スティーブ・ジョブズはスタンフォード大学卒業式の祝賀会で、卒業生に向けてスピーチを行ないました。動画などを見たことがある人も多いでしょう。その中の一節を紹介します。

You can't connect the dots looking forward ; you can only connect them looking backward. So you have to trust that the dots will somehow connect in your future. You have to trust in something - your gut, destiny, life, karma, whatever. This approach has never let me down, and it has made all the difference in my life.

将来をあらかじめ見据えて、点と点をつなぎあわせることなどできません。できるのは、後からつなぎ合わせることだけです。だから、我々は、いまやっていることがいずれ人生のどこかでつながって実を結ぶだろうと信じるしかない。あなたの勇気、運命、人生、カルマ……何にせよ我々は何かを信じないとやっていけないのです。私はこのやり方で後悔したことはありません。寧ろ、今になって大きな差をもたらしてくれたと思います。

彼が言う"the dots"（点）とは何でしょう？　僕は、越境して行動した結果が"the dots"と解釈しています。過去の"the dots"と、その後越境して得られた現在の"the dots"を、"connect"（つなぐ）ことで、新結合が生まれ、もやもや感が解消され、自身のキャリアを開発することができ、未来が創れるのです。そして、そこにはＧＲＩＴが絶対に必要です。やり切らなければ、何も生まれません。

"A quitter never wins and a winner never quits."
（止める人は決して勝てなく、勝者は決して止めない）
ナポレオン・ヒル

最後に、この言葉を、何かしら「もやもや」している人たちと、自分自身に向けて贈ります。越境をやめないでください。新しいキャリア、新しい自分を、越境することでつくってください！

２０２２年　12月京都〝守破離〟にて
井上功

CROSS-BORDER クロスボーダー

キャリアも働き方も「跳び越えれば」うまくいく　越境思考

発行日　2023年1月27日　第1刷

Author	井上功
Illustrator	岡野賢介
Book Designer	新井大輔
Publication	株式会社ディスカヴァー・トゥエンティワン 〒102-0093　東京都千代田区平河町2-16-1 平河町森タワー 11F TEL　03-3237-8321（代表）　03-3237-8345（営業）／FAX　03-3237-8323 https://d21.co.jp/
Publisher	谷口奈緒美
Editor	渡辺基志

Sales & Marketing Group

蛯原昇	飯田智樹	川島理	古矢薫	堀部直人	安永智洋	青木翔平
井筒浩	王廳	大﨑双葉	小田木もも	川本寛子	工藤奈津子	倉田華
佐藤サラ圭	佐藤淳基	庄司知世	杉田彰子	副島杏南	滝口景太郎	竹内大貴
辰巳佳衣	田山礼真	津野主揮	野﨑竜海	野村美空	廣内悠理	松ノ下直輝
宮田有利子	八木眸	山中麻吏	足立由実	藤井多穂子	三輪真也	井澤徳子
石橋佐知子	伊藤香	小山怜那	葛目美枝子	鈴木洋子	町田加奈子	

Product Group

大山聡子	藤田浩芳	大竹朝子	中島俊平	小関勝則	千葉正幸
原典宏	青木涼馬	伊東佑真	榎本明日香	大田原恵美	志摩麻衣
舘瑞恵	中西花	西川なつか	野中保奈美	橋本莉奈	林秀樹
星野悠果	牧野類	三谷祐一	村尾純司	元木優子	安永姫菜
渡辺基志	小石亜季	中澤泰宏	森遊机	蛯原華恵	

Business Solution Company

小田孝文	早水真吾	佐藤昌幸	磯部隆	野村美紀	南健一	
山田諭志	高原未来子	伊藤由美	千葉潤子	藤井かおり	畑野衣見	宮崎陽子

IT Business Company

谷本健	大星多聞	森谷真一	馮東平	宇賀神実	小野航平	林秀規	福田章平

Corporate Design Group

塩川和真	井上竜之介	奥田千晶	久保裕子	田中亜紀	福永友紀	池田望
石光まゆ子	齋藤朋子	俵敬子	丸山香織	阿知波淳平	近江花渚	仙田彩花

Proofreader	株式会社鷗来堂
DTP	株式会社 RUHIA
Printing	日経印刷株式会社

ISBN978-4-7993-2924-5　

働き方の哲学

村山昇

すべての人に効く、図と絵でわかる〝働き方バイブル〟登場！ 仕事、キャリア、成長、リーダーシップ、自己実現、会社、メンタル……「働くこと」を考える上で大切な概念を完全図解。古代・中世から現代にいたるまで、多くの先人が遺した知恵がコンパクトにまとまった１冊。

定価 2860円（税込）

書籍詳細ページはこちら
https://d21.co.jp/book/detail/978-4-7993-2238-3